三字經

Sân tséu king.
Tam tử kinh.

LE LIVRE CLASSIQUE

DES

TROIS CARACTÈRES

DE WÂNG PĔH-HÉOU

EN CHINOIS ET EN FRANÇAIS
ACCOMPAGNÉ DE LA TRADUCTION COMPLÈTE DU COMMENTAIRE
DE WÂNG TÇIN-CHÎNG

PAR

G. PAUTHIER

OUVRAGE TRADUIT ET PUBLIÉ
A LA DEMANDE DE M. LE CONTRE-AMIRAL DUPRÉ
GOUVERNEUR DE LA COCHINCHINE

PARIS

CHALLAMEL AÎNÉ, LIBRAIRE-ÉDITEUR

COMMISSIONNAIRE POUR LA MARINE, LES COLONIES ET L'ORIENT
30, RUE DES BOULANGERS, ET 27, RUE DE BELLECHASSE

—

1873

新鐫註解三字經

王伯厚 手著

王晉升 註解

鄭元美 校梓

PARIS. — IMP. VICTOR GOUPY, RUE GARANCIÈRE, 5.

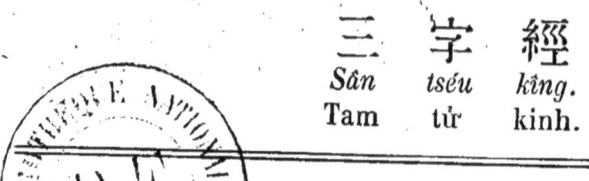

Sân tséu king.
Tam tử kinh.

LE LIVRE CLASSIQUE

DES

TROIS CARACTÈRES

DE WÂNG PĔH-HÉOU

EN CHINOIS ET EN FRANÇAIS
ACCOMPAGNÉ DE LA TRADUCTION COMPLÈTE DU COMMENTAIRE
DE WÂNG TÇIN-CHÌNG

PAR

G. PAUTHIER

OUVRAGE TRADUIT ET PUBLIÉ
A LA DEMANDE DE M. LE CONTRE-AMIRAL DUPRÉ
GOUVERNEUR DE LA COCHINCHINE

PARIS

CHALLAMEL AÎNÉ, LIBRAIRE-ÉDITEUR

COMMISSIONNAIRE POUR LA MARINE, LES COLONIES ET L'ORIENT

30, RUE DES BOULANGERS, ET 27, RUE DE BELLECHASSE

—

1873

INTRODUCTION

L'ouvrage chinois suivant dont j'ai entrepris la traduction à la demande qui m'en a été faite de la part de M. le contre-amiral Dupré, gouverneur de la Cochinchine, et que je publie aujourd'hui, est, avec son commentaire, le livre le plus répandu dans toutes les écoles primaires et secondaires de l'Empire chinois ; c'est aussi celui qui est généralement mis le premier entre les mains des jeunes étudiants, parce que, à cause de la rédaction de son texte en phrases de trois caractères (représentant les mots chinois), avec *rimes*, il est le plus propre à se graver dans leur mémoire. Ce texte, très-laconique, n'est par lui-même qu'une sorte de *table mnémonique* de tout ce qui doit faire le sujet du cercle encyclopédique de l'enseignement au point de vue chinois. Mais le commentaire qui l'accompagne, quoique peut-être encore un peu concis lui-même, en fait un ouvrage des plus intéressants et des plus instructifs, même pour nous européens, parce qu'il fait connaître l'ensemble de ce qui constitue la civilisation chinoise et la grande importance que, dès la haute antiquité, le gouvernement chinois a toujours attachée à l'éducation de la jeunesse, en prenant l'enfant dans le sein même de la mère, et en le suivant jusqu'à son âge adulte. On peut dire qu'il n'a existé, et qu'il n'existe encore aujourd'hui aucun peuple qui, sous certains rapports (comme pour la pratique de la piété filiale si fortement recommandée par le grand philosophe Confucius [1]), ait porté aussi loin son système d'éducation ; système qui, depuis plus de quatre mille ans, a coulé comme dans un moule d'airain toutes les

---

[1] Confucius a écrit lui-même un livre spécial sur ce sujet, intitulé *Hiáo King*, le « Livre de la piété filiale », qui a été compris dans l'édition des *Treize King*, publiée sous la dynastie des Thâng.

institutions chinoises. Aussi l'on peut dire que ce système d'éducation, qui établit des rapports si bien combinés entre les membres
du corps social, depuis le Prince et ses ministres jusqu'aux dernières classes de la population, n'a pas peu contribué, malgré les
révolutions et les conquêtes que la Chine a subies dans le cours
des siècles, à cette stabilité qu'on lui reproche injustement, et qui,
par le développement de sa civilisation et la force de ses institutions, a su absorber en elle-même ses propres vainqueurs.

On pourra se former une idée du soin que, dès les temps anciens,
les souverains chinois ont apporté à l'éducation du peuple, par les
citations suivantes, tirées du *Lì ki* :

« Yû-chí (l'empereur Chûn, 2,255-2,205 avant notre ère) entre-
« tenait les vieillards de l'État [1], dans l'asile ou collége supérieur
« (*chàng thsiâng*), et il entretenait les vieillards de la population
« ordinaire dans l'asile ou collége inférieur (*hiá thsiâng*) ».

« Les souverains de la dynastie des Hía (dont le « grand Yû » fut
« le chef » : 2,205-1,784 av. J.-C.) entretenaient les vieillards de
« l'État, dans le grand collége oriental (*toûng siú*), et ils entretenaient
« les vieillards de la population ordinaire dans le grand collége
« occidental (*sî siú* [2]).

« Ceux de la dynastie de Yin (ou Chàng, 1783-1135) entretinrent
« les vieillards de l'État dans les « colléges de la droite (*yéou hiŏh*),

---

[1] Le Commentateur Tchin-hao dit que c'étaient les vieillards qui avaient été
revêtus de hautes dignités : *yèou tsiŏh*, ou qui possédaient des vertus éminentes : *yèou tĕh*. — Il ajoute que les « vieillards de l'État (*Koûe lâo*) étaient
vénérables, c'est pourquoi ils étaient recueillis dans le grand collége » (*Ta hiŏh*)
et que les vieillards de la population ordinaire « étant d' une basse condition (*pĕï*) »,
étaient, par cela même, recueillis dans l'établissement des études inférieures
(*Siào hiŏh*). Que les caractères du texte : *chàng thsiâng*, signifient le « grand
collége », situé dans le faubourg occidental (de la capitale), et que le « petit
asile » (*hía thsiâng*), était la « petite maison d'étude (*siào hiŏh*) à l'Orient du
palais de l'Empereur ». (*Lì-ki*, Chap. *Wâng-tchi*, k. 3, f° 43).

[2] Le même commentateur identifie le caractère *siú*, avec *hiŏh*, « école, collége ». Il paraît évident que l'entretien des vieillards par l'État dans les Colléges
avait pour but de placer les élèves sous leur surveillance et leur discipline, et
d'en faire comme des tuteurs ou précepteurs des jeunes gens qui se rendaient
dans le même établissement.

« et ils entretenaient les vieillards de la population ordinaire, dans
« les « colléges de la gauche » (tsŏh hiŏh [1]).

« Les souverains de la dynastie des Tchêou (1134-256 av. J.-C.)
« entretinrent les vieillards de l'État dans le collége oriental (toŭng
« kiao [2]), et les vieillards de la population ordinaire dans le petit
« collége yŭ thsiǎng ».

On lit dans le même livre canonique, au chapitre Hiŏh ki, « Mémorial des études », des détails plus spéciaux sur l'enseignement.
Je me borne, pour abréger, à en extraire les passages suivants tirés
du texte et du commentaire.

L'enseignement qui se pratiquait dans l'antiquité était ainsi organisé : Vingt-cinq familles formaient un groupe d'habitations (liŭ)
fermant par une porte, à côté de laquelle était une école, où les
jeunes gens qui résidaient dans leur famille se rendaient matin et
soir pour y recevoir l'instruction. Cinq cents familles formaient un
village (tǎng), dont l'école se nommait « École supérieure » (thsiǎng),
où les élèves des précédentes Écoles inférieures se rendaient pour y
recevoir une instruction supérieure. Les établissements d'instruction publique qui devaient être placés dans les circonscriptions territoriales de douze mille cinq cents familles, lesquelles formaient
un arrondissement (tcheôu), étaient nommés Siŭ « Collége d'arrondissement » (Lì ki, k. 6 ch. 18).

C'est au grand philosophe Khoŭng-fou-tsèu (Confucius, né 551 ans
avant notre ère), et à ses nombreux disciples, que la Chine est redevable de ses meilleures institutions politiques et morales. Le P. Du
Halde, dans la « Vie de Confucius » publiée par lui [3], et rédigée par
les missionnaires français, dit : « Toute la doctrine de ce philosophe
« tendait à redonner à la nature humaine ce premier lustre, et cette

---

[1] Le même commentateur dit que le « collége de la droite » était le « grand
collége » : tǎ hiŏh, situé dans la banlieue occidentale; et le « collége de la
gauche », le « petit collége » : siào hiŏh, situé à l'orient du palais impérial.

[2] Le « grand collége » (selon le commentateur) était situé à l'orient du palais
impérial; et le yù thsiǎng était le « petit collége » (siào hiŏh), situé dans la
banlieue occidentale de la capitale.

[3] Description de l'Empire de la Chine, etc., t. II, p. 386; édition de La
Haye, 1736.

« première beauté qu'elle avait reçue du ciel, et qui avait été obs-
« curcie par les ténèbres de l'ignorance et par la contagion du vice.
« Il conseillait, pour pouvoir y parvenir, d'obéir au Seigneur du
« Ciel, de l'honorer, de le craindre, d'aimer son prochain comme
« soi-même (de ne pas faire aux autres ce que l'on ne voudrait pas
« que l'on nous fît), de vaincre ses mauvais penchants, de ne prendre
« jamais ses passions pour règle de conduite, de les soumettre à la
« raison, de l'écouter en toutes choses, de ne rien faire, de ne rien
« dire, de ne rien penser même qui lui fût contraire ».

Cette belle et pure doctrine qui se réflète encore aujourd'hui dans
les écrits publiés en Chine par l'innombrable corporation des lettrés, et même par plusieurs grands souverains, comme les empereurs Khâng hî et Khien-loûng, doit commander le respect à tous
ceux qui, professant d'autres doctrines, croient posséder seuls la
vérité. Tel est du moins l'avis qu'un éminent sinologue anglais,
Sir John Francis Davis, n'a pas hésité à exprimer, dans son livre sur
la Chine [1], après avoir rapporté un passage du rév. d' Milne, traduc-
teur du *Chíng yú*, ou « Édit sacré », contenant les « seize maximes »
de l'empereur Khâng hî, développées par son fils l'empereur Young-
tching ; passage dont voici la traduction :

« Pour ma part, comme simple individu, je suis de l'opinion que
« toute vérité et tout bien procèdent originairement de la même
« source ; aussi devons-nous regarder avec un certain degré de res-
« pect ces fragments de sentiments justes et de bons principes que
« nous rencontrons quelquefois parmi les payens ».

Sir John Francis Davis fait là-dessus les observations suivantes :
« Il y a plus de sens commun (*more common sense*), aussi bien que
« de Christianisme (*as well as more Christianity*) dans ce passage (cité)
« que dans cet esprit de détractation étroit et coupable qui ne peut
« rien voir de bon que ce qu'il a chez lui ; esprit qui a quelquefois
« envahi les écrits de ceux qui ont entrepris d'éclairer les Chinois [2] ».

---

[1] *China. A general Description of that Empire, and its inhabitants*, etc.,
édition de 1857, t. II, p. 118-119.
[2] Un grand nombre de missionnaires catholiques ont pensé de même. Voici
ce que dit le P. Intorcetta à la fin de sa *Confucii vita*, publiée à Goa en 1669 :
« Multo tamen magis cavendum nobis erit, ne verbo, scriptove damnemus,

Nous pensons donc que la traduction que nous publions du texte et du commentaire d'un ouvrage adopté dans toutes les Écoles de la Chine et de la Cochinchine, ne peut être que très-utile à MM. les Inspecteurs de ces dernières Écoles, qui n'y trouveront rien de contraire à l'enseignement donné par les missionnaires français aux néophytes de notre colonie.

Je ne terminerai pas cette Introduction sans solliciter l'indulgence des lecteurs pour les erreurs qu'ils pourront rencontrer dans mon travail. Ils s'apercevront facilement en le parcourant que la tâche que j'ai entreprise était loin d'être aisée pour l'accomplir dans toute son étendue. Le *texte* seul du *Sân-tsèu king*, ou « Livre classique des phrases de trois caractères », a été déjà traduit en plusieurs langues européennes [1], mais la *seule* traduction qui, à ma connaissance, donne des extraits du Commentaire chinois, pour la première moitié seulement, est celle de M. E. C. Bridgman, publiée dans son excellente *Chrestomathie* Chinoise [2].

Toutes les autres n'ont qu'une valeur des plus médiocres et ne donnent qu'un *Sommaire* des plus décharnés de l'ouvrage en question privé de son *Commentaire*, comme tous les lecteurs de ma traduction pourront s'en convaincre.

Je n'ai eu, pour faire cette traduction, qu'un exemplaire très-ordinaire du texte chinois, de ceux qui s'impriment en nombre illimité pour les écoles chinoises. Aussi cet exemplaire est-il assez défectueux sous le rapport de l'impression du Commentaire en plus petit texte; ce qui peut servir à justifier les quelques erreurs que j'aurais pu commettre dans son interprétation.

« aut lædamus eum (Confucium), quem tota gens tantoperè suspicit, ac vene-
« ratur, ne huic odiosi reddamur, non nos ipsi tantùm, sed ipsemet, quem
« prædicamus, Christus; et dum fortè contemnimus aut condemnamus eum,
« qui *tam consentanea rationi docuit, quique vitam ac mores cum doc-*
« *trina conformare semper studuit,* etc. »

[1] M. A. Wylie, dans son *Introduction* à ses *Notes on Chinese literature* (Shang-hae, 1867, 1 vol. in-4° de 260 pages), énumère sept traductions du *texte* du *Sân-tsèu-king*, dont quatre en anglais, une en latin, une en allemand et une en russe.

[2] *A Chinese Chrestomathy in the Canton Dialect.* (Macao, 1841, 1 vol. in-4°.)

Je ne veux pas terminer cette Introduction sans remercier M. le lieutenant de vaisseau Luro, pour les soins qu'il a bien voulu donner aux transcriptions annamites du texte chinois, d'après la prononciation courante en Cochinchine, où il a longtemps résidé. Cet officier a suivi l'orthographe adoptée par le savant abbé Legrand de la Liraye dans son dictionnaire annamite-français.

G. PAUTHIER.

NOTE

Ce livre, très-connu en Cochinchine sous le nom de *Tam tử kinh*, sera un des livres règlementaires d'enseignement à l'*École d'administration* de Saigon.

Le gouverneur de Cochinchine, convaincu qu'il était indispensable de confier la traduction de cet ouvrage à un homme possédant à fond l'histoire et la littérature chinoises, s'était naturellement adressé à M. Pauthier. L'éminent sinologue était tout désigné au choix de l'amiral par ses travaux si remarquables, dont une partie est entre les mains de tous les marins qui fréquentent les mers de Chine.

Nous-même avions reçu l'ordre de fournir à M. Pauthier les quelques mots qui sont la transcription des *caractères chinois* en *mandarin-annamite* et, surtout, de surveiller l'exécution de l'ouvrage par l'éditeur.

La préface et les dernières feuilles étaient entre les mains du compositeur quand la mort a enlevé à la France le savant auteur de ce livre.

A partir de la page 129, les épreuves n'ont plus été corrigées par M. Pauthier; nous nous sommes efforcé de faire reproduire le plus exactement possible son manuscrit.

E. L.

PRÉFACE

DE WANG-TÇIN-CHING

COMMENTATEUR DU SAN-TSÈU-KING

« L'instituteur (*siân sêng*) Wâng Pĕh-héou, lettré du temps des Soúng (960-1122 de notre ère) composa le *Sân-tsèu-king*, « Livre classique des phrases de trois caractères », pour l'instruction des élèves de sa propre école. Ses paroles sont concises (*kièn*), ses principes d'une application constante. Son style est clair, net ; ses raisonnements lucides et faciles à comprendre. Il embrasse et combine ensemble les trois grandes puissances de la nature (*sân thsäï* : le Ciel, la Terre et l'homme, ou les éléments qui forment le cercle entier de la connaissance) et donne lès moyens de pénétrer dans la connaissance des Livres canoniques (*Kîng*) et des historiens (*szè*). (Ce livre) est en réalité comme un radeau (*fäh* ou un esquif) que, dans les commencements de leurs études, les jeunes gens qui cherchent à s'instruire peuvent employer pour arriver à atteindre les sources profondes de l'étude de l'antiquité.

« Quant à moi, sans tenir compte du peu de culture de mon intelligence, du peu de développement de mes facultés, j'ai témérairement entrepris d'ajouter un Commentaire (au texte en question), lequel commentaire, je ne puis nullement en douter, attirera sur moi les critiques des hommes plus éclairés. Toutefois, comme il est destiné à aider les jeunes gens dans leurs études, et à leur inspirer de bonnes habitudes dès leur tendre enfance, il sera peut-être reconnu utile à un certain dégré.

(Date) : année *ping où* (du cycle de 60) sous le règne de l'empereur Khâng-hî (1726) ».

L'édition du *Sân-tsèu-king* avec le commentaire de Wâng Tçin-chîng, est celle qui est la plus recherchée, la plus suivie. Indépendamment des milliers d'exemplaires qu'on en imprime annuellement en Chine, on en a fait plusieurs éditions accompagnées, Texte et Commentaire, d'une traduction mandchoue, à l'usage des jeunes Mandchous. On en a fait aussi une édition, accompagnée aussi, Texte et Commentaire, de deux traductions : l'une en mandchou, et l'autre en mongol, à l'usage des jeunes gens de ces deux nationalités. Ces diverses éditions, faites en Chine, prouvent l'estime que l'on y professe pour l'ouvrage que nous avons traduit pour la première fois intégralement.

三字經。

PRONONCIATION
MANDARINE-CHINOISE : *Sān tséu king.*

MANDARINE-ANNAMITE : Tam tử kinh.

LE LIVRE CLASSIQUE

DES

PHRASES DE TROIS CARACTÈRES.

1-16. Nature de l'homme; nécessité de lui donner une bonne éducation.

1. 人 之 初。 性 本 善。
Jin tchî thsôu,   síng pèn chén.
Nhơn chi sơ,   tính bổn thiện.

2. 性 相 近。 習 相 遠。
Síng siâng kín,   sĭh siâng youèn.
Tính tương cận,   tập tương viễn.

1. Les hommes, à leur naissance, ont une nature originairement bonne.

2. (Cette) nature est alors à peu près la même, (mais plus tard) la pratique la fait grandement différer.

1

Commentaire chinois. 1. Ces (deux membres de phrase) établissent le commencement de l'éducation, par où commence aussi l'exposition de la doctrine. C'est pourquoi il est dit (dans le texte) que la base (de l'éducation) part de la naissance même de l'homme. L'être auquel le Ciel a donné la vie, on l'appelle homme (*jîn*, nhơn); le don que le Ciel lui a fait en naissant, on l'appelle « nature morale [1] ». S'attacher fortement aux bonnes inspirations de sa « nature morale », de ce principe constant, on appelle cela « vertu ». Dans les premiers temps de la vie de l'homme, quand il commence à développer son intelligence, alors l'enfant reconnaît d'abord sa mère; quand il commence à parler, alors il appelle d'abord ses père et mère (*khî thsîn*). Meng-tseù a dit (K. 7, § 15) : « Les petits enfants, que l'on porte sur les bras, « ne manquent pas de reconnaître leur père et leur mère, et de leur « témoigner leur amour. Lorsqu'ils ont atteint un âge plus avancé, « ils ne manquent également pas de témoigner de la déférence à leur « frère aîné. » — Tchôu-tsèu (Tchôu-hi) a dit : « La « nature morale » « (*sing*) de l'homme, dans tous, est (primitivement) bonne ; pourquoi « eux-mêmes ne sont-ils pas tous bons ? »

Com. 2. Ces (deux membres de phrase) se rapportent aux précédents et les expliquent. Khoûng-tsèu (Confucius) a dit (*Lûn-yù*, K. IX, ch. 17, § 2) : « Par leur nature (*sing*), les hommes se rapprochent les « uns des autres; par la pratique (*sîh*), ils s'en éloignent beaucoup et « diffèrent grandement [2]. » Cela veut dire que pour eux, « au temps « de leur enfance », l'homme instruit, l'ignorant, le sage, n'ont rien qui les distingue : tous sont doués de cette même « nature [3] ». Dans l'origine, « ils se rapprochent beaucoup les uns des autres » (*siâng kîn*) et ne diffèrent pas. C'est par l'instruction, le savoir, que cette même « nature » s'ouvre, se développe. Les facultés naturelles (*khi*

---

[1] Le terme 性 *sing* du texte pourrait aussi se traduire par *instinct naturel, nature*, dans le sens que lui donne Massillon : « Lumière naturelle « pour discerner le bien du mal. »

[2] *Sing siâng kîn yè; sîh siâng youèn yè.* Le vers ci-dessus n° 2 n'en est que la reproduction.

[3] « Omnes veteres philosophi, maxime peripatetici, ad incunabula accedunt, « quod in pueritia facillime se arbitrentur naturæ volontatem posse cognos- « cere. » (Cic. *De Fin.* V. 20)

pìn) sont différentes dans chacun. Celui qui développe les facultés qu'il possède, devient instruit; celui dont l'intelligence reste fermée, obscurcie, devient stupide. Celui qui obéit, qui se conforme à la « droite raison[1] », devient un sage (*hièn*). Celui qui s'abandonne à ses passions, à ses désirs immodérés, tombe dans l'abrutissement. S'opposer aux bonnes inspirations de sa « nature morale » (*chén síng*), n'est-ce pas s'en éloigner totalement? Cela n'est pas autre chose. Cultiver son « principe vital[2] », c'est l'exercer constamment pour le mettre en action. Il n'y a que le sage éminent (*kiûn-tsè*), il n'y a que lui qui ait le mérite d'entretenir et d'inspirer les principes de la droiture, et ne permette pas que les enfants négligent d'exercer les facultés de leur nature morale (*síng*), et se livrent au vice.

Observation. Le terme chinois *síng*, que nous avons traduit par « nature morale », a beaucoup de rapport avec ces définitions de Cicéron : « Veniamus nunc ad bonorum malorumque notionem. — « Bonum appello, quidquid secundum *naturam* est; quod contra, « malum. » (*De Fin.*, V, 29.) «In hoc sumus sapientes, quod *naturam* « *optimam* ducem, tanquam deum, sequimur, eique paremus. » (*De Sen.*, 2.)

3. 苟 不 教 。 性 乃 遷 。
   Keòu pŏu kiáo,   *síng nàï thsièn.*
   Cầu bất giáo,   tính nãi thièn.

4. 教 之 道 。 貴 以 專 。
   Kiáo tchî táo,   *koüeï i tchouân.*
   Giáo chi dạo,   qúi dzĭ chuyên.

3. Si l'on ne donne pas d'éducation (à l'enfant), sa nature primitive se détériore.

4. Dans le cours de l'éducation, le principal est une application constante.

[1] 理 *Lì.* Est immateriale et æternum cuilibet rei intrinsecum ejusque rationum, tam naturalium quam moralium principium. (Basile.)

[2] 氣 *Khi.* Est materiale et æternum (in sensu scilicet quod nec fuit, nec esse potest *lì* sine *khi*) cuilibet rei intrinsecum, sine quo *lì* non potest subsistere, nec quidquid operari. (B.)

Com. 3-4. Qu'entend-on par ces mots : « Entretenir la droiture » (*yâng tchíng*)? C'est ce que l'on appelle : pouvoir donner de l'instruction. L'homme qui ne serait pas doué des plus éminentes vertus (*ching jin*), comment pourrait-il faire naître le savoir (dans l'esprit des autres)? Sans parents, point de nourriture (pour l'enfant); sans éducation, point de développement de l'intelligence. Avoir des enfants, et ne pas leur donner de l'instruction, c'est laisser dans l'obscurité les bonnes facultés de l'intelligence (*liâng tchî*) que le Ciel leur avait départies à leur naissance. Transgresser la raison, pour suivre ses passions, c'est s'avancer journellement dans le chemin du vice.

En quoi consistent l'éducation et l'enseignement? Dans l'antiquité, lorsque les femmes étaient enceintes, elles ne se tenaient pas assises, le corps penché; elles ne se couchaient pas sur le côté; elles ne se tenaient pas debout appuyées sur une seule jambe; elles ne marchaient point en faisant des pas saccadés; leurs yeux ne s'arrêtaient pas sur des choses viles et indécentes; leurs oreilles ne se prêtaient pas à entendre des sons lascifs; elles ne laissaient pas échapper de leur bouche des paroles désordonnées; elles ne mangeaient rien qui fût corrompu, ou répandît une mauvaise odeur; elles pratiquaient constamment les devoirs de la fidélité, de la piété filiale, de l'amitié, de l'affection, de la compassion et des bonnes œuvres. Constamment aussi elles enfantaient des fils doués d'une grande intelligence, de talents éminents, prudents, sages, et qui devenaient des hommes supérieurs. C'était le résultat de l'éducation naturelle reçue dans le sein de leur mère.

Du moment où l'enfant pouvait prendre des aliments, on lui enseignait à se servir de sa main droite. Lorsqu'il pouvait parler, on l'empêchait de pousser des cris plaintifs; quand il pouvait marcher, on lui apprenait à connaître les quatre régions (climatériques, ou points cardinaux); le haut et le bas (le zénith et le nadir); quand il arrivait à pouvoir faire des salutations en s'inclinant, les mains jointes sur la poitrine, on lui apprenait à être prévenant, respectueux, envers ses père et mère. C'était là, pour les mères nourricières, la pratique habituelle d'élever et de soigner les enfants.

Quant à ce qui concerne l'arrosage, le balayage, la manière de répondre à un appel, de se présenter, de se retirer; les règles de la politesse, de la musique, du tir de l'arc, de l'art de conduire les chars, de l'écriture, de l'arithmétique : cela était réservé aux soins du père et de l'instituteur qui étaient chargés de cet enseignement.

Le principe qui domine tous les autres, réside dans l'application continue, mais sans fatigue. Que l'on s'y conforme, et il y aura de l'ordre (dans l'enseignement). Si l'on ne s'applique pas avec persévérance à cette éducation de l'enfance, l'éducation secondaire sera mal donnée. Si on la donne avec insouciance, alors les enfants ne pourront plus être dociles. On ne suivra plus la bonne voie de l'enseignement.

5. 昔 孟 母 。 擇 鄰 處 。
　　Sĭh Meng mòu, 　　tsĭh lìn tchòu.
　　Tích Mạnh mẫu, 　　trạch làn xứ.

6. 子 不 學 。 斷 機 杼 。
　　Tsèu pŏu hiŏh, 　　toŭan kî tchòu.
　　Tử bất học, 　　doạn cơ trữ.

5. Autrefois la mère de Meng (Mencius), choisit un lieu dans son voisinage pour l'habiter.

6. Son fils ne s'y livrant pas à l'étude, elle brisa sa navette et son métier à tisser.

Com. 5. L'éducation, que donne la « mère », prend sa source dans la tendresse (qu'elle a pour son enfant). C'est par la douceur, par l'insinuation, que cette éducation entre dans l'esprit de l'enfant. Il convient que cette éducation précède tout autre enseignement. Les sages mères de l'antiquité étaient aptes à donner une instruction à leurs enfants, de manière à leur faire acquérir une grande célébrité. La mère de Meng- (tsèu) en a offert un mémorable exemple. Meng-tsèu eut pour petit nom *Kho*, et pour surnom *Tsè-yù*. Il vivait à l'époque des guerres civiles (ou des États de la Chine en guerre entre eux : *chén koŭe*, dans la seconde moitié du IIIe siècle avant notre ère). Il était natif de la ville de Tséou (aujourd'hui : ville cantonale du Chân-toûng). Son père, Khi Koûng-i, mourut prématurément. Sa mère :

Khan-chi, habitait dans le voisinage de l'étalage d'un boucher. Meng-tsèu étant tout jeune, allait jouer et s'amuser dans l'intérieur de la boucherie, et y apprenait la manière dont on y tuait les animaux. La mère de Meng-tsèu dit : « Il ne faut pas que mon fils habite ce voisinage. Alors elle se transporta dans un faubourg de la ville, et choisit son habitation dans le voisinage d'un lieu de sépulture. Meng-tsèu y apprit aussi la manière dont les cérémonies se faisaient sur la tombe des défunts, avec des gémissements et des pleurs. La mère de Meng-tsèu dit encore : ce lieu ne convient pas pour l'habitation de mon fils. Elle se transporta de nouveau ailleurs, à côté d'une maison d'École. Meng-tsèu, matin et soir, y apprenait : la manière de saluer en s'inclinant, les mains croisées sur la poitrine; de céder le pas, par déférence (*yáng*); de marcher en avant, de se retirer convenablement; de circuler avec un bon maintien. La mère de Meng-tsèu dit : « c'est ici le lieu qui convient pour l'éducation de mon fils. » Il s'ensuivit qu'elle y fixa sa tranquille résidence, pour l'éducation de son fils. Il y a un ancien proverbe qui dit : « En formant des relations, on doit choisir « des amis; en prenant une résidence, on doit choisir un bon voisi- « nage. » Khoùng-tsèu (Confucius) a dit : « Les villages et les hameaux « dans lesquels on pratique la bienfaisance, sont les lieux les plus « agréables (pour y habiter) : si l'on ne choisit pas (pour sa résidence) « un lieu où la vertu de l'humanité prévaut, comment pourrait-on « acquérir la sagesse ? (Lùn-yù, C. 4, k. II.) Voilà la règle à suivre pour se choisir un bon voisinage.

Com. 6. Le caractère *tchoù*, du texte, signifie la « *navette* d'un métier à tisser ». La mère de Meng, demeurant dans une retraite paisible, s'occupait de travaux d'aiguille, et de tissage de la soie. Meng-tsèu, devenu grand, sortit de près de sa mère pour suivre ses études au dehors. Un jour qu'il était rentré inopinément, la mère de Meng prit un couteau avec lequel elle brisa son métier à tisser. Meng-tsèu saisi de frayeur, se précipita aux genoux de sa mère et la pria de lui dire quel motif elle avait d'agir ainsi ? Sa mère lui dit : « L'instruction « d'un fils est comme mon tissu; en tissant de la soie, on en fait « d'abord la largeur d'un pouce; le pouce tissé, on en fait un pied; « et en continuant de faire des pouces et des pieds de tissu, on finit « par en faire des pièces entières. Maintenant, si mon fils continuait

« ses études, il deviendrait à l'avenir un sage, un homme accompli.
« Mais au lieu de cela, il a pris l'étude en aversion, en dégoût; il en
« est fatigué, et a demandé à rentrer au logis. Il ressemble à mon tissu
« dont la pièce n'est pas encore achevée; c'est pourquoi j'en ai brisé
« le métier. »

Meng-tsèu fut vivement impressionné (des paroles de sa mère); il
résolut aussitôt de se mettre en voyage, et d'aller se faire inscrire
parmi les disciples de Tsèu-szê (petit-fils de Khoûng-tsèu). Il se lia
ainsi avec les sages les plus éminents et les plus éclairés, dans le
nombre desquels il se trouva bientôt placé, au point que sa renommée
parvint jusque chez les princes ou chefs des petits États dans lesquels
la Chine était alors partagée. Tout cela fut l'œuvre des angoisses et
des efforts de la mère de Meng tsèu.

7. 竇 燕 山 。 有 義 方 。

Téou yên chăn,   yeòu   i   fâng.
Dâu yên shơn,   hửu ngãi phương.

8. 敎 五 子 。 名 俱 揚 。

Kiào   où   tsèn,   mîng kiú yâng.
Giáo ngũ tử,   dzanh cu dzương.

7. Téou, de Yên-chăn, avait de vrais principes de justice.

8. Il donna de l'instruction à cinq fils, qui tous s'élevèrent à
une haute renommée.

Com. 7. L'éducation donnée par un père, a pour base la gravité
unie à la sévérité, afin de redresser les fautes en donnant ses leçons;
celui qui enseigne ne doit jamais l'oublier. De tous les pères rigides
des dernières générations qui se sont succédées, et qui ont été capables
de faire l'éducation de leurs enfants, lesquels se sont fait un nom
célèbre et distingué (*ling ming*): c'est Téou-chi qui est le plus éminent.
Téou, surnommé Yu-kouan, était natif de Ycôu-tchêou, dont le territoire dépendait de Yên; c'est pourquoi on l'appela aussi : Yên-chăn
(la montagne de Yên, désignation de son École). Les règles de l'éti-

quette ou de la politesse, établies par lui dans sa maison, étaient aussi minutieuses, aussi sévères qu'à la cour du souverain. La séparation des appartements intérieurs (des femmes), et des appartements extérieurs (des hommes) était plus stricte, plus sévère, que la défense observée dans le palais. Les instructions du père à ses enfants étaient plus impératives que celles des magistrats et autres fonctionnaires du gouvernement. Chih-tsioh dit, dans son *Tsŏ-tchoŭan :* « Ceux qui « aiment leurs enfants doivent les élever dans les bons principes de « la droiture et de l'équité, afin qu'ils ne se livrent pas à la déprava-«.tion. L'éducation comme celle de Yên-chân peut être considérée « comme fondée sur les meilleurs principes. »

Com. 8. Les cinq fils de Yên-chân furent : J, Yen, Kan, Tching et Hi. Dans les commencements de la dynastie de Soûng (960 à 1000 de notre ère), ils furent, tous les cinq, des ministres renommés, des dignitaires et fonctionnaires de haut rang. Pendant toute la génération on conserva, dans la famille, les règlements établis par le père, et les enfants maintinrent avec éclat l'honneur du nom qu'il leur avait transmis. Tout cela est le résultat, l'œuvre d'une éducation paternelle sévère et strictement observée.

9. 養 不 敎。 父 之 過。
　 Yàng　pŏu　kiáo,　　foú　tchĭ　koúo.
　 Dzưởng bắt giáo,　　phụ　chi　quá.

10. 敎 不 嚴。 師 之 惰。
　 Kiáo　pŏu　yên,　　szê　tchĭ　tó.
　 Giao　bắt nghiên,　　shư　chi　dọa.

9. Nourrir des enfants, sans leur donner de l'éducation, est la faute du père.

10. Les instruire sans fermeté, sans sévérité, c'est le fait de l'indolence du maître ou instituteur.

Com. 9. La conduite d'un père et d'une mère envers leurs enfants doit consister à n'être ni trop sévères. ni trop indulgents. Si l'on ne fait que de les rendre malheureux en les maltraitant, on perd leur éducation. Avoir des enfants, et ne pas être en état de leur donner de l'éducation, c'est la faute du père.

Com. 10. La conduite des maîtres ou instituteurs envers leurs élèves, s'ils ne leur causent pas quelques chagrins (par leurs réprimandes), ils n'arriveront pas à les instruire. Seulement, ces chagrins ne doivent pas être occasionnés par trop de sévérité; mais si les maîtres n'en employaient pas, alors les élèves se livreraient à la dissipation, ou s'ils étudient, c'est avec nonchalance et ils perdent le respect qu'ils doivent à leurs maîtres. En outre leur intelligence s'atrophie et leur patrimoine se dissipe. Tout cela est la faute de la négligence, ou de l'indolence des maîtres.

11. 子 不 學 。 非 所 宜 。
Tsè pŏu hioh, fëi sò i,
Tử bất học, phi shở nghi.

12. 幼 不 學 。 老 何 爲 。
Yeóu pŏu hioh, lào hô wëi.
Ău bất học, lão hà vi.

11. L'enfant qui n'étudie pas, ne fait pas ce qu'il lui convient de faire.

12. S'il n'étudie pas étant jeune, que fera-t-il étant vieux ?

Com. 11-12. Il y a un ancien proverbe qui dit : « Nourrir des enfants, « et ne pas leur donner de l'éducation ; c'est la faute du père ; si le « directeur cantonal des écoles n'est pas sévère, les instituteurs de- « viennent indolents. »

L'éducation du père, la sévérité des instituteurs ne sont pas exclusives l'une de l'autre. Si le cours des études n'est pas complet, c'est la faute des enfants. Le proverbe ajoute encore : « Ne dites pas : Aujour- « d'hui je n'étudie pas, mais je le ferai un autre jour; cette année je « n'étudie pas, mais je le ferai une autre année. Un jour suit un autre

« jour, une année suit une autre année. Mais, hélas! la vieillesse
« arrive; qu'est-il besoin de commettre cette faute? » Cela veut dire
qu'on vient à la regretter; mais elle est irréparable.

13. 玉 不 琢。 不 成 器。

Yŭh pŏu tchŏh, pŏu tchîng khi.

Ngộc bắt trác, bắt thành khí.

14. 人 不 學。 不 知 義。

Jîn pŏu hiŏh, pŏu tchî i.

Nhơn bắt học, bắt tri ngãi.

13. Une pierre précieuse non travaillée, polie, n'a pas reçu
son perfectionnement et n'est d'aucun usage.

14. L'homme qui n'a point étudié, ne connaît pas la justice,
ou les devoirs sociaux.

Com. 13-14. Le caractère 義 i[1] a ici le même sens que le caractère
táo, (*via recta, virtus, regula*). On lit dans le chapitre *Hiŏh ki*, « Mémorial des Études » du *Lí ki*, « Mémorial des Rites », ces paroles : « Une
« pierre précieuse » qui n'a pas été travaillée (par un artiste) est un
« objet imparfait, d'aucun usage; un homme qui n'a pas étudié, ne
« connait pas la raison ou la droite voie (*táo*[2]). »

Quoique l'on possède une belle pierre précieuse (*méï yŭh*), si elle
n'est travaillée, si elle n'est pas polie, c'est un vase inachevé, ou un
objet quelconque, qui n'est d'aucun usage. Il en est de même de
l'homme; quoiqu'il possède de belles facultés, s'il ne les cultive pas
en s'appliquant activement à l'étude, il sera incapable de connaître la

[1] « Justitia, justum. Virtus rationi conforme. Per quam jus suum cuique
« tribuitur. » (B.) Cicéron la définit à peu près de même : « Animi affeetio
« suum cuique tribuens, atque societatem conjunctionis humanæ munifice et
« æque tuens, *justitia* dicitur. » (*De Fin.* V. 23.)

[2] Ce passage du *Lì ki* est le même que le texte ci-dessus, sauf que le caractère *táo* du *Lì ki* a été remplacé par *i*, qui a un sens analogue. Il sera question du *Lì ki* aux n°˚ 76-77.

« droite raison (*li*[1]), la « justice » (*i*), la « droite voie » (*tào*), et la « vertu » (*tĕh*[2]). Finalement, il ne pourra pas être appelé : « un « homme accompli » (*tching jîn*).

15. 爲 人 子 。 方 少 時 。
Wĕï jîn tsèu, fâng chào chi.
Vi nhơn tử, phương thiều thì.

16. 親 師 友 。 習 禮 義 。
Thsîn szĕ yeóu, sĭh li i.
Thân shư hữu, tập lĕ nghi.

15. Ceux qui sont fils de famille, étant encore dans l'âge tendre,

16. Doivent se plaire avec leurs précepteurs et des amis, pour s'appliquer à l'étude des rites, et des devoirs qui les concernent.

Com. 15-16. Ce texte exprime quelle est la règle de conduite que doivent tenir les jeunes gens. Tous ceux qui sont des fils de famille[3] doivent, dans leur jeune âge, à l'époque où ils n'ont pas encore d'autres

[1] « Est quidem vera lex, *recta ratio*, naturæ congruens; diffusa in omnes, « constans, sempiterna; quæ vocet ad officium jubendo, vetendo a fraude « deterreat, etc. » (Cicer., *De Rep.*, III, 17.)

[2] « Ea *virtus*, esse videtur præstantis viri, quæ est fructuosa aliis, ipsi « autem laboriosa, aut periculosa, aut certe gratüita. » (Cic., *De Orat.*, II, 85.)

« Princeps omnium *virtutum* est illa sapientia, quàm σοφίαν Græci vocant; « illa autem, rerum et divinarum est humanarum scientia : in qua continetur « deorum et hominum communitas et societas inter ipsos. » (*Id.*, *De Off.*, I, 43.)

[3] Je traduis *jîn tsèu* (*litt.* « hominis filius ») par « fils de famille », parce que je pense que c'est la véritable signification des termes chinois. Le Dictionnaire de l'Académie dit que « le *fils de famille* est celui qui vit sous l'autorité « de son père et de sa mère, ou sous l'autorité d'un tuteur. » C'est le cas en Chine plus que partout ailleurs.

occupations, avoir près d'eux un précepteur éclairé, intelligent, qui leur procure des relations avec de sages amis, leur explique la pratique des « rites », c'est-à-dire, des choses qui forment, par le langage et la tenue, une éducation distinguée. Aimer ses parents, respecter les personnes âgées, est la voie à suivre; faire des progrès dans le bien en remplissant convenablement les devoirs de sa profession, c'est là la base fondamentale pour établir la conduite de sa propre vie.

17-21. Importance de la piété filiale et des devoirs fraternels.

17. 香 九 齡。 能 温 席。
Hiâng kièou lĭng,   nĕng wēn sĭh.
Hương cửu linh,   năng ôn tịch.

18. 孝 於 親。 所 當 執。
Hiào yû thsîn,   sò táng tchĭh.
Hiếu ư thân,   shở dương chắp.

17. Hiâng, à l'âge de neuf ans, pouvait réchauffer la natte, ou la couche (de ses père et mère).

18. La piété filiale envers ses parents[1], est un **devoir auquel** (les enfants) doivent s'attacher fortement.

Com. 17-18. De tous les devoirs que l'on doit pratiquer le premier est celui de la « piété filiale ». L'écolier, en commençant ses études, ne doit pas l'ignorer. Autrefois, sous la dynastie des Hán (202 avant à 220 après J.-C.) il y eut Hoâng Hiâng, de Kiân-hia (dans la province actuelle de *Hoŭ-pĕh*), qui, à l'âge de neuf ans, savait remplir les de-

---

[1] Le caractère 親 *thsîn*, du texte, signifie en général *consanguinei proximiores*, comme le *père* et la *mère*. Mais, dans le *Yĭh kĭng*, on y trouve indiqués *six thsing*, ou degrés de parenté les plus rapprochés. Ce sont : le père, la mère, le frère aîné, les frères cadets, les époux, et les fils.

voirs de la piété filiale envers ses parents[1]. Chaque fois que, dans les jours d'été, la chaleur devenait excessive, il éventait les rideaux du lit de ses père et mère; il faisait en sorte que leurs coussins et leurs nattes fussent rafraîchis; que les moustiques fussent chassés de leur présence, et veillait jusqu'à ce que ses père et mère dormissent tranquilles. Quand survenaient, pendant l'hiver, des froids rigoureux, alors, avec son propre corps, il réchauffait doucement la couche et la couverture de ses parents, et il attendait que ses parents dormissent chaudement. Les enfants qui pratiqueront, comme cela, les devoirs de la piété filiale, quoique l'on dise que c'est seulement le propre d'une nature céleste [2], cependant c'est aussi le devoir, la règle propre aux fils de famille. A la fin du jour, procurer le repos (à ses père et mère); le matin, s'informer de leur santé; en hiver, les réchauffer; en été, les rafraîchir: ce sont là les devoirs prescrits par les rites.

19. 融 四 歲 。 能 讓 梨 。
Yoûng szé soüi, nèng jáng li.
Dzong tứ tuế năng nhượng lê.

20. 弟 於 長 。 宣 先 知 。
Ti yû tchang, î siên tchi.
Dĕ ư trưởng, nghi tiên tri.

19. Yoûng, à l'âge de quatre ans, put céder ses propres prunes.

20. La déférence envers ses frères aînés, est l'un des premiers devoirs à connaître.

[1] On lit dans Platon (Lois, L. XI) : « Après les dieux, le sage n'oubliera pas « les dieux vivants de sa famille; les auteurs de ses jours réclameront juste- « ment l'hommage filial, la plus ancienne de ses dettes religieuses; nos biens « présents et à venir, les biens de la fortune, du corps et de l'âme seront tous « consacrés par notre amour au bonheur de ceux qui nous ont donné la nais- « sance et la raison; les avances qu'ils nous ont faites, les soins prêtés à notre « jeune âge, seront payés avec usure, et tous les besoins de leur vieillesse « seront payés par leurs enfants. Qu'ils n'entendent de nous, tous les jours de « la vie, que des paroles saintes, etc. » (Pensées de Platon, tr. de Le Clerc.)

[2] 天 性 Thiên sing.

Com. 19-20. Être libéral, généreux dans ses relations ; fidèle et sincère, dans ses amitiés ; ces qualités doivent être considérées comme d'une grande importance, ainsi que les devoirs des frères aînés et cadets. Ces derniers devoirs sont ceux que les enfants en bas âge doivent d'abord connaître. Du temps de la dynastie des Hán (202 avant, à 220 après notre ère), Khoûng Yoûng, de l'État de Lou, à peine âgé de quatre ans, savait déjà pratiquer l'amitié, la déférence fraternelle, et témoigner des sentiments de politesse et de respect. Dans une certaine occasion, on apporta des provisions de bouche dans sa famille, et dont un panier de prunes faisait partie. Tous ses frères aînés s'efforcèrent à l'envi de les prendre pour eux. Yoûng, seul, attendit son tour, et choisissant la plus petite (des prunes qui restaient) il la prit pour lui. Quelqu'un lui ayant demandé pourquoi il avait pris la plus petite (des prunes), il répondit : « Je suis, par ma naissance (*pèn*) le « plus jeune, le plus petit (*siào eûlh*), je devais, par conséquent, prendre « la plus petite prune. » Ceci est un exemple frappant, dans lequel on peut voir l'application des principes d'humilité (*kiên*), de respect (*king*), de déférence et de soumission (*jáng*). Plus tard, enveloppés dans les calamités d'une révolution, les frères aînés et cadets se battirent jusqu'à la mort. La renommée de leur piété filiale, de leur amitié inaltérable, a jeté un tel éclat, qu'il a, dans l'antiquité, frappé des milliers de personnes !

22. Commencement de l'étude littéraire par les premiers nombres de l'arithmétique et par l'écriture.

21. 首 孝 弟 。 次 見 聞 。
Chèou hiáo ti, *thséu kián wén.*
Thủ hiếu dễ, thứ kiến văn.

22. 知 某 數 。 識 某 文 。
Tchĭ mèou sòu, *chĭh mèou wén.*
Tri mỏ shỏ, thức mỏ văn.

21. On doit placer en premier lieu la piété filiale, les rapports des frères entre eux, et en second lieu, observer et écouter.

22. Il faut connaître d'abord certains nombres (de l'arithmétique), et apprendre certains caractères de l'écriture.

Com. 21-22. Les règles de la « piété filiale », de la « déférence fraternelle »; des relations sociales entre les hommes, sont celles que
l'on doit le plus approfondir et pratiquer. La raison de « voir » ou
d' « observer », et d' « écouter », est, pour les enfants, ce qui leur
convient le mieux d'apprendre. Tsèu (Confucius) a dit (Lûn-yù, k. 1.
§ 6) : « Après s'être acquittés de leurs premiers devoirs, si (les enfants)
« ont encore la force, ou du temps de reste, ils doivent s'appliquer,
« alors, à orner leur esprit, par la culture des lettres [1]. » Quand ils
connaîtront ce programme, alors ils feront du « calcul », (soŭh); quand
ils en auront bien compris les principes, alors ils s'exerceront dans la
« littérature. » Il est dit dans le *Yĭh King* : « L'homme supérieur (*kiûn-*
« *tsèu*) qui a beaucoup appris, qui connaît les paroles et les actions
« des anciens, renouvelle chaque jour ses facultés morales. » Khoûng-
tsèu a dit : « (k. 1. ch. 2, § 18 du *Lûn yù*) : » « Écoutez » beaucoup
« afin de diminuer vos doutes; soyez attentifs à ce que vous dites,
« afin de ne rien dire de superflu [2]; « observez » beaucoup, afin d'éviter
« les dangers que vous pourriez courir; veillez attentivement sur vos
« actions et vous aurez rarement du repentir. » On acquiert beaucoup
en « écoutant » et en « observant »; le « savoir » et les « connaissances »
que l'on acquiert ainsi sont profondes. Alors les paroles que l'on prononce encourent rarement le blâme, et ses propres actions inspirent
rarement du repentir.

23-24. Les nombres de l'arithmétique.

23.　一　而　十。　十　而　百。

Yĭh eŭlh chĭh,　chĭh eŭlh pĕh.
Nhứt nhi thập,　thập nhi bá.

---

[1] 行　有　餘　力。　則　以　學　文。 *Hîng yeòu yû lĭh, tsĕh
î hiŏh wên.* Le commentateur Tchoû-hi dit, sur ce passage du *Lûn yù*, que
le caractère *wên* désigne ici l'étude du *Chī (king)*, du *Choû (king)*, et des *six
arts libéraux* (qui sont : les rites, la musique, l'art de tirer de l'arc, celui de
monter à cheval et l'arithmétique).

[2] Le texte du *Lûn yù* ajoute ici : « Alors vous encourrez rarement du
« blâme » (*tsĕ koùa yeôu*).

24. 百 而 千。 千 而 萬。

Pĕh eŭlh thsîan, thsîan eŭlh wán.
Bá   nhi thiên,   thiên nhi vạn.

23. (En fait de nombres on part) de un (1) à dix (10), de dix (10) à cent (100),

24. De cent (100) à mille (1,000), de mille (1,000) à dix mille (10,000).

Com. 23-24. De cet endroit du texte, en continuant, il n'est question que de la science des nombres par l'énumération de toutes les choses (de la nature et de l'homme). Les nombres surgissent de l'unité (— yĭh). L'unité c'est le commencement ou la « racine › des nombres (formés par la numération). Le signe ou chiffre 十 chĭh, « dix », est le complément des nombres; le signe ou chiffre 百 pĕh, « cent », est le complément (ou multiple) de « dix ».

Le nombre « dix » ajouté dix fois, ou multiplié par lui-même, forme le nombre 百 pĕh, « cent »; le nombre « cent » ajouté dix fois à lui-même, ou multiplié par 十 chĭh, « dix », forme le nombre 千 thsiún, « mille »; « mille » ajouté dix fois à lui-même, ou multiplié par 十 chĭh, « dix », forme le nombre 萬 wán, • dix mille ». Lorsqu'on dépasse ce dernier chiffre, en allant en avant, on arrive à des nombres sans termes ou limites, et que l'on ne pourrait épuiser.

25-26. Les trois grandes puissances de la nature.

25. 三 才 者。 天 地 人。

Sân thsâï tchè,   thiên tí jin.
Tam tài giả,   thiên địa nhơn.

26. 三 光 者。 日 月 星。

Sân koŭang tchè, jĭh yoŭeih sîng.
Tam quang giả,   nhựt nguyệt tinh.

25. Les trois grandes Puissances de la nature sont : le Ciel, la Terre et l'Homme [1].

26. Les trois grands Luminaires sont : le Soleil, la Lune et les Étoiles constellées.

Com. **25.** Le principe vital 氣 *khi* [2], étant sorti du chaos (*hóen tún*), les éléments purs, limpides et légers, s'élevèrent en haut, et constituèrent le Ciel (*kîng thsîng tchè : chàng feôu eûlh wĕi thiên*). Ceux qui étaient lourds, impurs, se condensèrent en bas, et constituèrent la Terre. Entre le Ciel et la Terre, tous les êtres de la nature prirent naissance; mais l'Homme est la créature la plus noble de toutes : l'Homme est le seul entre tous les êtres de la nature qui ait l'intelligence en partage [3]. Les facultés actives de l'élément vital (*khi*) sont le principe mâle (*yáng*) et le principe femelle (*yîn*). Un autre principe intelligent, inhérent aux êtres animés : le *Tao* [4], est répandu partout; il transforme et vivifie. C'est la vie, la vie universelle produite par les trois grands coopérateurs (le Ciel, la Terre et l'Homme). C'est pourquoi on les nomme : les « *Trois grandes Puissances* ».

[1] Confucius a dit, dans son *Hi thsêu* (Appendice au *Yïh kîng*) : « Il y a le « *Táo*, ou la raison du Ciel; il y a le *Táo*, ou la raison de l'Homme; il y a le « *Táo*, ou la raison de la Terre. Prises ensemble, ce sont les trois *Thsàï*, etc. »

[2] *Khi* est materiale et æternum cuilibet rei intrinsecum principium, aer, vapor, exhalatio, æther. (B.)

[3] Cette phrase est tirée du *Choû kîng*, K. IV, § 3, chap. *Thaï tchi*, Livre des *Tcheôu*. Voir mes *Livres sacrés de l'Orient*, p. 84. Cette même phrase, citée dans le commentaire ci-dessus, est précédée de celle-ci : « Le Ciel et la « Terre, seuls, sont le père et la mère de tous les êtres. » Les commentateurs chinois développent cette phrase d'une manière très-remarquable, mais qu'il serait trop long de traduire ici. Je me borne à la définition du terme chinois *lîng*, que j'ai traduit par *intelligence* :

靈 *lîng.* « Animus, anima, animæ vis intellectiva; quæcumque inest rebus « excellentia, quam homines scrutari non possunt. » (B. *Pin tseu tsien.*)

[4] 道 *táo* est idem quod *li* (*ratio*); solùm addit, seu connotat quod est in materiâ. *Li* est immateriale et æternum cuilibet rei intrinsecum, ejusque rationum tam naturalium quam moralium principium. (B.)

« Nihil potest esse æquabile, quod non a certa ratione proficiscatur. » (Cic., *Tusc.*, II, 27.)

Com. 26. Le *Soleil* tire son origine de l'essence éthérée du grand principe mâle (陽 *yâng*); ses rayons, projetés dans l'espace, éclairent pendant le jour. La *Lune* tire son origine du 魄 *pĕh*, qui est la force active du grand principe femelle (*yîn*). Sa clarté brille pendant la nuit. Cinq *Étoiles* forment des Constellations (*soŭh*); toutes appartiennent au Ciel, et y brillent avec éclat, répandues comme un voile argenté dans toute l'étendue de l'espace. Elles sont comparables au Soleil et à la Lune; c'est pourquoi on les nomme ensemble : les *trois grands Luminaires.*

27-28. Les trois liens sociaux.

27. 三 綱 者。 君 臣 義。
Sân kâng tchè, kiûn tchîn i.
Tam cang giả, quân thân ngãi.

28. 父 子 親。 夫 婦 順。
Foŭ tsèu thsîn, foŭ foŭ chún.
Phụ tử thân, phu phụ thuận.

27. Il y a trois liens sociaux qui sont : celui du prince avec les ministres, qui est l'équité;

28. Celui du père avec ses enfants : l'affection; celui du mari avec sa femme : la complaisance.

Com. 27-28. Le *kâng* est un lien qui unit, qui *lie* (plusieurs choses entre elles). Il y a trois grands *liens* qui existent sur la terre : la droiture (*tching*) du prince envers les personnes de son entourage ou de sa cour, est le *lien de ses ministres* et serviteurs (*wĕi tchîn tchĭ kâng*); la droiture du père envers sa famille, est *le lien des enfants*; la droiture du mari (*foŭ*), envers sa famille, est *le lien de la femme*, mère de famille. Ces *trois liens* étant la *droiture* (*tching*, qui est également la *justice*), alors, si le *prince* est un sage de premier ordre (*chíng*), ses *ministres* seront « bons, loyaux et soumis » (*liâng*) ; les *pères de famille* (*foù*) étant affectueux (*thseù*), les *enfants* seront « pleins de piété filiale » ; le *mari* étant complaisant, condescendant (*hô*), la *femme* sera « obéissante, soumise » (*chùn*). Alors, toujours et partout règneront l'ordre et le repos ; les États jouiront de la paix et de la tranquillité.

29-32. Les quatre saisons et les quatre points cardinaux.

29. 曰 春 夏。 曰 秋 冬。
Yuĕï tchún hía, yuĕï thsieoù toûng.
Viẽt xuân hạ, viẽt thu dông.

30. 此 四 時。 運 不 窮。
Thsèu ssé chí, lién poŭ khiôung.
Thử tứ thì, vận bắt cùng.

29. On dit : le Printemps et l'Été ; on dit : l'Automne et l'Hiver.

30. Ces quatre saisons de l'année se succèdent sans interruption et sans fin.

Com. 29-30. Ceci indique l'ordre des saisons de l'année. Le cours d'une année, en la divisant, forme « *quatre saisons* », qui correspondent au Boisseau du Nord [1] (la « Grande-Ourse », ou le « Chariot »). Quand le *manche* du Boisseau [2] se dirige vers l'Est, aux points *yïn*,

[1] 北 斗 *pĕh teòu. Ursa major*, ou le « Grand Chariot. » Cette constellation est celle qui sert principalement à s'orienter sur le ciel et à déterminer la position des autres constellations.

[2] *Teòu píng* ; ou le *timon* du Chariot, ou la *queue* de la Grande-Ourse, selon que l'on appelle le groupe d'étoiles qui forme l'une des 28 constellations, consistant en 6 étoiles (les astronomes européens en comptent *sept*, d'où *septemtriones*, les « sept bœufs de labour, » d'où le mot *septemtrio*, et *septentrion* pour désigner le Nord.

mâo, *chīn* de la boussole (Nord $^2/_3$ à $^1/_3$ Sud), toutes les productions de la nature se développent, et prennent leur accroissement; c'est la saison du *Printemps*[1]. Quand le manche du Boisseau (le timon du Chariot) se dirige vers le Sud, aux points : *sze, wou, weï* de la boussole ($^2/_3$ Sud à $^1/_3$ Ouest), toutes les productions de la nature marchent dans leur développement avec la plus grande rapidité; c'est la saison de l'*Été*. Lorsque le manche du Boisseau se dirige vers l'Ouest, aux points de la boussole : *chīn, yeou, siu* (Sud $^2/_3$ Ouest à Ouest $^1/_3$ Nord); toutes les productions de la nature sont propres à être récoltées; c'est la Saison de l'*Automne*. Lorsque le manche du Boisseau se dirige vers le Nord, et qu'il marque les points de la boussole : *haï, tsè, tcheou* (Ouest $^2/_3$ Nord à $^1/_3$ Est), toutes les productions de la nature sont resserrées et mises en magasins; c'est la Saison de l'*Hiver*. La succession des *Quatre Saisons*, dans un cercle régulier, s'opère sans interruption. Elles tournent dans un cercle régulier, sans interruption ni fin. Le froid et la chaleur alternent entre elles, et les œuvres de l'année se trouvent accomplies.

31.　曰　南　北　。　曰　西　東。
　　　Yŏuëï nân pĕh, yŏuëï sî toûng.
　　　Viĕt nam bắc, viĕt tây dông.

32.　此　四　方　。　應　乎　中。
　　　Thsèu ssé fâng, yíng hoú tchoûng.
　　　Thử tứ phương, ửng hồ trung.

31. On dit : le Sud et le Nord; on dit : l'Ouest et l'Est.

32. Ce sont là les quatre régions qui correspondent au centre (de la terre).

---

[1] Cette manière de distinguer les saisons de l'année n'est pas aussi scientifique que celle de nos astronomes, mais elle témoigne cependant d'observations ingénieuses à la portée de tout le monde. J'en ai vérifié moï-même l'exactitude à la simple vue

Com. 31-32. Ce texte indique la situation des *quatre régions* (de la Terre). La « région » de l'*Est* droit a, dans le cycle céleste (*thiên kân*), les signes distinctifs *kia yih*. Son Souverain (de la région de l'Est), c'est *Tàï Hâo* (la « Suprême blancheur », c'est-à-dire *Foŭ-hî*, 3,468 av. notre ère); son génie tutélaire : *kêou mâng* (auquel on sacrifie au printemps); son principe fructifiant réside dans le bois (l'un des cinq Éléments). Parmi les (cinq) grandes « Vertus cardinales », il est la « bienfaisance »; parmi les « Saisons », il est le principe mâle verdoyant.

La « région » du droit *Sud* a, dans le cycle céleste, les signes distinctifs : *ping ting*. Son Souverain est *Yên ti*, c'est-à-dire *Chin-noŭng* (3,217 av. J.-C.); son génie tutélaire *Tchoŭh yoŭng*, « grand et illustre » (dieu du feu). Son principe actif réside dans le feu (l'un des cinq Éléments). Parmi les (cinq) grandes Vertus cardinales il est la « convenance ». Parmi les « Saisons », il est la « lumière vermeille ».

La « région » du droit *Ouest* a, dans le cycle céleste, les signes distinctifs : *kang sin*. Son Souverain est *Kîn thiên*, « Ciel d'airain, c'est-à-dire *Chao-hao* (2,597 av. J.-C.). Son Génie tutélaire est *Joŭ chêou* (« qui recueille les fruits de la Saison »). Son principe actif est dans le métal (*kîn*); parmi les (cinq) grandes Vertus cardiales, il est la « Justice » (*i*); parmi les « Saisons », il est le « Grenier blanc ».

La « région » du droit *Nord* a, dans le cycle céleste, les signes distinctifs : *jin koueï*. Son Souverain est *Tchouan hioh* (2,513 av. J.-C.); son Génie tutélaire : *Yoûen mîng*, « les ténèbres primitives ». Son principe actif (*chîng têh*) réside dans l'Eau (l'un des cinq Éléments). Parmi les cinq grandes Vertus cardinales, il est la prudence (*tchî*); parmi les Saisons, il est le temps violent et dur (*hiên yîng*). Quand (l'*Hiver*) habite son palais central (ou du centre de la Terre), ses signes distinctifs, dans le cycle céleste, sont : *wou ki* (les caractères 5 et 6 ou centraux du même cycle de 10); son Souverain est *Hoâng-ti*[1] (2,697 av. notre ère). Son génie tutélaire est *Kéou loûng*, le « Dragon de l'abîme ». Son principe actif réside dans la terre (*thoŭ*) (l'un des cinq Éléments, lequel, dans le système des philosophes chi-

---

[1] *Hoâng-ti* se trouve également placé le 3e des cinq *Ti*, précisément au *centre* de ce premier groupe de souverains chinois.

nois, occupe le *centre*). Parmi les cinq grandes Vertus cardinales, il est la sincérité. Parmi les « Saisons », il est *Ki wáng*, « qui procure la prospérité dans les quatre Saisons, et dans les quatre « régions ». Quant au « Printemps », à l'« Été », à l'« Automne » et à l'« Hiver », chacun d'eux a un Directeur qui lui est propre. Seulement, la Terre, qui occupe le milieu, le centre, rend plus de services, et les « quatre régions » des points cardinaux influent toutes plus ou moins sur elle[1].

33-34. Les Cinq Éléments.

33. 曰 水 火 。 木 金 土 。
Yŏŭeï chŏŭï hò,   mŏuh kin thŏu.
Viết thủy hỏa,   mộc kim thổ.

34. 此 五 行 。 本 乎 數 。
Thsèu òu hing,   pèn hôu soú.
Thử ngủ hành,   bổn hồ shổ.

33. Il y a l'Eau, le Feu, le Bois, le Métal et la Terre ;

34. Ce sont là les Cinq Éléments actifs, qui tirent leur origine des nombres.

Com. 33-34. Ce texte indique les attributs des « Cinq Éléments ». Les figures des « Cinq Éléments » sont comparables aux « Quatre Régions » et correspondent aux « Quatre Saisons ». (Ces « Éléments ») sont en proportions exactes avec les « Cinq Vertus cardinales », et servent à préparer les « Cinq Couleurs ». Le « Bois » est courbe et droit ; le « Feu » est une flamme qui monte ; la « Terre » est le sol propre à la culture ; le « Métal » est propre à la fabrication de ses

---

[1] Nous sommes loin de prétendre avoir rendu clairement et exactement cette exposition physico-astronomique des *saisons*, des *régions*, etc. Il faudrait un traité spécial pour en donner une idée un peu plus claire ; encore serait-il difficile d'y parvenir. Les conceptions de l'origine et de l'ordre des choses chez les Chinois diffèrent trop des nôtres pour être facilement saisies.

instruments; l'« Eau » sert à humecter la terre en tombant en pluie. Ce sont là les facultés, les vertus actives des « Cinq Éléments ».

Le « Bois » possède les matériaux dont on se sert pour faire des piliers ou colonnes, des poutres et autres pièces de constructions, des instruments de toutes sortes. Le « Feu » a le pouvoir d'éclairer, d'illuminer, de cuire les aliments, de fondre les métaux. La « Terre » a l'avantage de faire croître les plantations, de servir à fabriquer des poteries dans des fournaises, à faire des chaussées, des murs de clôture. Le « Métal » a la propriété avantageuse de servir de marchandises et d'armes offensives et défensives, comme lances et boucliers. L'« Eau » a le mérite de servir à arroser, à nettoyer, à fertiliser, à humecter. Voilà les propriétés de ces « Cinq Éléments ». Le « Bois » (vivant) est vert (*thsîng*); le « Feu », rouge (*tchĭh*); la « Terre », jaune (*hoâng*); le « Métal », blanc (*pĕh*); l'« Eau », noire (*hĕh*). Voilà les couleurs des « Cinq Éléments ». Si maintenant on veut voir l'image (*siáng*) de leur production et de leur destruction, c'est dans les actions mystérieuses des deux grands principes mâle et femelle, et dans les subtilités abstruses des nombres, qu'il faut les chercher. Mais il n'est pas possible d'arriver à expliquer ces sujets à fond.

35-36. Les cinq vertus cardinales.

35. 曰 仁 義。 禮 智 信。
Yŏŭeï jîn   i,   lì   tchi   sín.
Viết nhơn ngãy,   lẽ   trí   tín.

36. 此 五 常。 不 容 紊。
Thsèu   òu tcháng,   pŏu yŏŭng wèn.
Thử ngũ thường, bắt dzong vặn.

35. Il y a l'humanité, la justice, la convenance, la sagesse éclairée et la sincérité.

36. Ce sont là les Cinq Vertus cardinales qui ne doivent pas aire confusion.

Com. 35-36. Ce texte exprime les qualités des « Cinq Vertus cardinales ». La première est nommée : « *Humanité* »; l'« Humanité », c'est l'homme même[1]; c'est la vertu du cœur. La magnanimité, la douceur et la bienfaisance, la compassion, la bonté, la commisération envers ceux qui souffrent : ce sont toutes ces vertus que l'on comprend sous le nom de *Humanité.*

La seconde est nommée « *Justice*[2] ». La Justice est la pratique de ce qui est convenable et conforme à la raison; c'est une obligation de la conscience; c'est l'expression d'une volonté ferme et résolue qui ne fléchit devant aucun obstacle, aucune résistance; rendre ses sentences avec la plus grande rigidité; c'est ce que l'on appelle : *Justice.*

La troisième est nommée *Convenance*[3] (*li*). Cette « Convenance », portée dans toutes ses actions, est la pratique même de la Justice, conformément aux lois et règlements; c'est la raison de la conscience[4]; c'est la droiture dans une conduite réfléchie et bien réglée;

---

[1] *Jîn tchè : jîn yè.* Paroles de Confucius, dans le *Tchoûng yoûng.* « Ca« ritas, humanitas, pietas, misericordia. Interior virtutum concentus; caritas « commiserativa omnium virtutum nexus; virtutum sinicarum regina. » (V. mon *Dictionnaire étymologique chinois-annamite-latin-français,* 1re livraison, sub voce *Jîn,* n° 120.)

[2] *I tchè : i yè.* (V. la *note* au N° 16.) « Animi affectio suum cuique tri« buens, atque societatem conjunctionis humanæ munifice et æque tuens, « *justitia* dicitur. » (Cic., *De Fin.,* V, 23.)

« *Justitia,* hæc enim una virtus, omnium est domina et regina virtutum. » (*Id.,* *De Offic.,* L. III.)

[3] *Lì tchè : i yè.* « Ritus, usus, mores, cæremoniæ, observantia; morum « honestas; munus; observantiæ officia; via, quam tenere debet homo, ut « recte operetur; humana officia erga omnes juxta rectam rationem mode« rata. » (B.)

« *Decori* vis ea est, ut ab honesto non queat separari. Nam et quod decet, « honestum est; et quod honestum est, decet. » (Cicer., *De Offic.,* I, 27.)

[4] « Maximi æstimare debemus *conscientiam* mentis nostræ, quam ab diis « immortalibus accepimus, quæ a nobis divelli non potest; quæ si optimorum « consiliorum atque factorum testis in omni vita nobis erit, sine ullo metu, et « summa cum honestate vivemus. » (*Id.,* *Pro Cluent.,* 58.)

« Mea mihi *conscientia* pluris est, quam omnium sermo. » (*Epist. ad Atticum,* XII, 28.)

c'est la condescendance jointe à la modestie et au respect envers ceux qui le méritent. C'est ce que l'on nomme la *Convenance.*

La quatrième est la *Sagesse.* La « Sagesse », c'est le savoir [1]; c'est le ressort de l'intelligence. C'est elle qui rend l'esprit perspicace, ingénieux, sagace, pénétrant et instruit; habile dans les compositions littéraires, investigateur silencieux. C'est ce que l'on appelle *Sagesse* (éclairée par une grande culture de l'intelligence).

La cinquième est nommée la *Sincérité.* La « Sincérité [2] », c'est la loyauté, la grandeur d'âme; c'est ce qui commande au principe pensant; c'est la vérité parfaite, la droiture invariable, toujours conforme à la raison, et conservant toujours une grande égalité d'âme. C'est là ce que l'on nomme la *Sincérité. L'Humanité,* la *Justice,* la *Convenance,* la *Sagesse* et la *Sincérité,* on les nomme : les *Cinq Vertus cardinales.* En outre, si l'homme emploie chaque jour sa raison (*lì*), cette droite raison, qui doit toujours le diriger dans la pratique de ces vertus, il n'éprouvera ni trouble, ni *confusion.*

37-40. Les six espèces de grains. Les six espèces d'animaux domestiques.

37. 稻 粱 菽 。 麥 黍 稷 。

Táo liâng chŭh,   mêh chòu tsĭh.
Dạo lương thúc,   mạch thứ tắc.

---

[1] *Tchí tchè : tchî yè.* « Il n'y a rien que le « sage » ne connaisse » (*wôu sò pŏu tchî yè*) dit un lexicographe chinois. (*Ssé yîn chĭh i,* sub voce *tchi.*) Meng-tsèu a dit (K. II. P. 1. ch. 6. § 5) : « Le sentiment du vrai et du faux, « ou du juste et de l'injuste, est le principe de la sagesse » (*Chí fëi tchî sîn, tchí tchî toûan yè*).

Voici comment Cicéron définit la sagesse : « Quid est enim, per Deos, opta- « bilius *sapientiâ?* quid præstantius? quid homini melius? quid homine « dignius? Hanc igitur qui expectunt, philosophi nominantur... *Sapientia* « autem est rerum divinarum et humanarum, causarumque quibus hæ res « continentur, scientia. » (*De Officiis.* Lib. II, c. 2.)

[2] *Sin tchế : tchîng yè.* « La sincérité est la vérité même ». (*Choŭe wên.*) « Sincère, fidèle, dans lequel on peut avoir une confiance absolue et dont on « ne peut douter » (*khiŏh chĭh pŏu i yè*). « La parole de l'homme est sin-

38. 此 六 穀。 人 所 食。

Thsèu loŭh koh, jîn sò chŭh.

Thử lục cốc, nhơn shở thực.

37. Le riz, le millet, les plantes légumineuses, le blé (froment), le sorgho, le millet panaché ;

38. Ces six espèces de grains sont de ceux qui servent à la nourriture de l'homme.

Com. 37-38. Ce texte indique les noms des « six espèces de grains »· Quelles sont ces espèces ?

La première est celle du *riz* (*táo*). Il y a le riz des montagnes[1] (ou riz sec) ; il y a le riz sans gluten[2] ; le riz tardif[3] ; le riz glutineux[4] (ou plutôt gélatineux).

La deuxième espèce de « grains » se nomme *Millet* (*liâng*). Dans la région septentrionale croît le grand « millet[5] ». Il y a aussi le « millet » jaune, le « millet » blanc, et le « millet » vert.

La troisième espèce de « grains » comprend les « *plantes légumineuses* ». Ce terme : *Chŭh,* est le nom générique de tous les *légumes*[6]. Il y en a de grands et de petits, de jaunes, de verts, de blancs, de rouges, et d'autres espèces encore.

« cère, dit *Chă-moŭh* ; si elle n'est pas sincère, ce n'est pas la parole d'un « homme » (*Jîn yân wěï sín ; poŭ sín tchî yân, fěï jîn yân yè*). (*I-wên-pilàn,* sub voce *sín.*)

[1] 秈 稻 *Siẻn táo.*

[2] 粳 稻 *Kêng táo.* C'est celui que l'ancien *Choŭe wên* nomme 稌 *tóu.* Il croît dans les lieux marécageux.

[3] 晚 稻 *Mièn táo.*

[4] 穤 稻 *Nô táo.* Cette espèce de riz croît dans les terrains secs.

[5] 高 粱 米 *Káo liâng mì.* Espèce d'*Holcus* dont il y a des variétés aune, verte et blanche. Ce serait le millet des Barbades.

[6] 諸 豆 *Tchôu teóu.*

La quatrième espèce de « grains », est le *blé* fromea:t (*měh*). C'est un grain qui mûrit en été. Il y a le grand blé[1], le petit blé[2]; le *blé* barbu[3], et le *kiâo měh*[4].

La cinquième espèce de « grains » est le *Sorgho* (*choù*). C'est un grain des régions septentrionales. On le nomme aussi : « petit riz[5] » Il y en a deux autres sortes, dont on fait des pâtes et de la colle.

La sixième espèce de « grains » est nommée le *millet panaché* (*tsĭh*). Il y en a qui le nomment *millet* noir (*kiŭ*), et dont on se servait anciennement quand on offrait des sacrifices. Il y en a de jaune et de noir. Ces six espèces de *graines* ont toutes été produites par le Ciel pour nourrir les populations, et servir à leur entretien (*fân thsè loŭh kŏh, kiâĭ Thiĕn síng ì yâng mîn tchì chĭh yè*).

39.　馬　牛　羊。　鷄　犬　豕。
　　　Mà niĕou yâng,　kî khiòuen chì.
　　　Mã ngưu dzươ̛ng,　kê khuyển thỉ.

40.　此　六　畜。　人　所　飼。
　　　Thsè loŭh tchŏuh,　jîn　sò　szé.
　　　Thử lục shúc,　nhơn shở từ.

---

[1] 大麥 *Tá měh*. C'est le *triticum sativum*. Selon M. Bretschneider, ce serait l'*orge* (barley), et le 小麥 *siào měh* serait le *froment* (wheat).

[2] 小麥 *Siào měh*.

[3] 穬麥 *Kouâng měh*.

[4] 蕎麥 *Kiâo měh*. Nous n'avons trouvé le premier caractère dans aucun dictionnaire chinois ou européen. Il doit être spécial à la botanique.

[5] 小米 *Siào mì*. Le 黍 *chòu*, selon M. Bretschneider, est aussi nommé, à Pé-king, *panicum miliaceum*, millet. Toutefois il dit que le *Chŏuh chòu*, ou « la céréale de *Chŏuh* », ancien état de la Chine (qui est la province actuelle du *Ssé-tchouan*) est le *Sorghum vulgare*. La figure qu'il en donne d'après un herbier chinois ressemble plutôt au *Sorgho* qu'au millet. (*On the study and value of Chinese botanical works*, etc. Fou-tchéou, 1871.)

39. Le cheval, le bœuf, le mouton, la poule, le chien, le cochon ;

40. Ce sont là les six espèces d'animaux domestiques que l'homme entretient pour son usage.

Com. 39-40. Ce texte énumère les six espèces d'animaux domestiques que l'homme entretient pour son usage. Le *Cheval* peut porter sur son dos de lourds fardeaux, à de longues distances. Le *bœuf* peut labourer la terre. Le *chien* peut garder pendant la nuit et préserver de troubles et de calamités. Ces trois espèces (d'animaux domestiques) sont entretenues pour cet usage. La *poule*, le *mouton* avec le *cochon*, sont entretenus pour la multiplication, et pour servir à la nourriture. L'*entretien*, c'est la nourriture. Ces *six* sortes (d'animaux domestiques) sont l'entretien de la famille. Il n'y a personne qui ne s'en nourrisse. Il est nécessaire à l'homme d'en élever pour sa nourriture, afin d'obtenir ce qui lui convient pour son entretien. Alors, par ce moyen, il produit lui-même une culture avantageuse par la fertilité qu'il lui donne, ce qui lui procure des profits abondants.

41-42. Les sept passions.

41. 曰 喜 怒 。 曰 哀 懼 。

Yŏŭeĭ hì nóu, yŏŭeĭ ngâĭ kiŭ.

Viết hỉ nộ, viết ai cụ.

42. 愛 惡 欲 。 七 情 具 。

Ngâĭ woŭ yŏh, thsĭh thsĭng kiŭ.

Ai ố dzục, thất tình cụ.

41. On dit : la joie, la colère ; on dit aussi : la douleur, la crainte,

42. L'amour, la haine, les désirs ; ce sont là les sept passions.

Com. 41-42. Ce texte énumère les diverses émotions vives de l'âme qui sont celles des *Sept passions*. L'homme possédant cette vie qui l'anime, il est juste qu'il possède aussi la connaissance des choses qui le touchent. Par cela même qu'il possède cette connaissance, alors les *Sept passions* naissent en lui. La première, que l'on nomme *joie* (*hi*), est un sentiment de plaisir. La deuxième, que l'on nomme *colère* (*nóu*), est un sentiment d'indignation et de mépris que l'on éprouve. La troisième que l'on nomme *douleur* (*ngäi*) est une sensation plus ou moins aiguë qui blesse. La quatrième que l'on nomme *crainte* (*kiu*), est un sentiment de frayeur. La cinquième que l'on nomme *amour* (*ngäi*), est un sentiment produit par les regards, et qui laisse dans le cœur une impression profonde. La sixième, nommée *haine* (*wóu*), est un sentiment vif et pénétrant de mépris et de dédain. La septième, le *désir* (*yŏh*), est un sentiment ardent d'obtenir la possession de l'objet désiré. Toutes ces *Sept passions*, l'homme instruit, l'ignorant, le sage, quoique ne se ressemblant pas, les éprouvent également. Seulement, les hommes aux grandes vertus, les sages, peuvent les produire au dehors, mais seulement dans ce qu'elles ont de conforme à la droite raison. Si elles se produisent dans ce qu'elles ont de conforme à la droiture, alors on n'en est pas moins un homme de vertu éminente, un sage; si on les manifeste dans un intérêt personnel, alors on est comme le commun des hommes. Si on les emploie dans un but pervers, alors on est un homme méprisable, sans principes. Entre la raison et les passions, on ne peut être trop circonspect, trop attentif.

43-44 Les huit sons musicaux.

43. 匏 土 革。 木 石 金。
P'áo thòu kĕh, moŭh chĭh kin.
Bào thỗ cách, mộc thạch kim.

44. 絲 與 竹。 乃 八 音。
Szé yù tchoŭh, nàï päh yĭn.
Tư dzữ trước, nãi bát âm.

43. La calebasse, la terre, le cuir, le bois, la pierre, le métal ;

44. Les fils de soie, avec le bambou, sont (les objets au moyen desquels on produit) les huit sons musicaux.

Com. 43-44. Cela veut dire que les *huit sons* constituent la musique (*yŏh yè*). Toute musique peut être comparée aux lois rituelles. Ceux qui, anciennement, faisaient de la musique, la modulaient sur les *huit sons*, et ensuite la musique commença à se perfectionner. Ces *huit sons*, quels sont-ils ? Le premier est celui de la *calebasse* (*p'âo*) formée d'une courge, d'un melon ou d'un concombre. Dans l'usage, on se sert plus ordinairement des instruments nommés *sêng*[2] et *yû*[2], et autres de cette espèce. Le deuxième, nommé *thòu* (de *terre*), est un instrument à vent en terre cuite. On l'emploie pour rendre le son des instruments nommés *hiouên*[3] et *tchî*[4]. Le troisième, nommé *kĕh*, « cuir préparé », est du cuir de bœuf dont on se sert pour la fabrication des tambours. Le quatrième est nommé *moŭh*, « bois »; c'est un instrument en bois. On emploie ceux que l'on nomme *tchoŭh* et *yù*[5], et autres du même genre. Le cinquième est la *pierre* (*chĭh*); les instruments qui en sont fabriqués sont en pierre de *yŭh*, ou jade. On l'emploie à faire le *khĭng*[6]. Le sixième est le *métal* (*kîn*), avec lequel on fond des vases. On l'emploie aussi à faire des cloches (*tchoŭng*[7], qui servent comme instruments de mu-

[1] 笙 *Sêng.*

[2] 竽 *Yû.* Ces instruments sont composés de tubes en bambous (comme l'indique leur radical qui est le bambou, le reste du composé étant le groupe purement *phonétique*). Les tubes sont en nombre indéterminé et de différentes grandeurs. Ils ressemblent au chalumeau.

[3] 塤 *Hiouên.* Cet instrument, de forme ronde, est figuré avec six ouvertures, dans les planches du *Chî king*, de l'édition impériale.

[4] *Tchî.* C'est un instrument fait de bambou, en forme de flûte, avec sept et huit ouvertures. Il est aussi figuré dans le même ouvrage.

[5] Le premier de ces instruments est figuré dans les planches du *Chî-king*, édition impériale.

[6] 磬 *Khîng.* Cet instrument est aussi figuré dans l'ouvrage cité. C'est une pierre sonore suspendue entre deux supports, et taillée en forme d'équerre.

[7] 鍾 *Tchoŭng.* On peut en voir la figure, dans les planches du *Chî king*, édition citée.

sique). Le septième est la *soie* (*szĕ*), dont les fils sont employés dans les instruments que l'on nomme *kin*[1] et *szĕh*[2] ou *chĕh*. Le huitième est le *bambou* (*tchoŭh*), en forme de tuyaux (*koùan yŏh*). On l'emploie à faire des chalumeaux et des flûtes (*siâo tĭh*). Tous ces *huit sons* musicaux furent inventés par un ministre[3] de Hoâng-ti (qui commença à régner l'année 2,697 avant notre ère). Les cinq premiers empereurs (*Où ti*) et les trois rois (*Sân wâng*), eurent chacun leurs *sons* musicaux; ils employaient leur musique lorsqu'ils offraient des sacrifices au Souverain suprême[4]; lorsqu'ils faisaient des sacrifices aux Esprits et aux Génies[5]; pendant les cérémonies sans victimes pratiquées dans la salle des ancêtres; dans les festins pour la réception des hôtes étrangers; dans les concerts donnés en leur honneur pendant que l'on offre à boire en portant la santé de ses hôtes. Sans musique, toutes ces cérémonies ne seraient pas considérées comme convenables. Lorsqu'en société on monte ou l'on descend les marches des appartements, en faisant les révérences pour céder le pas, la marche n'a pas lieu sans musique. On alterne ensuite la musique avec la circulation. L'harmonie de la musique se répand partout et inspire la joie; c'est par ces moyens que l'on conduit les choses à leur perfection. Le respect (*king*), la satisfaction (*tchâng*) améliorent les mœurs (*sing thsing*), exercent une influence bienfaisante et concourent à rendre les rites, les cérémonies graves, dignes et réservées. C'est ce qu'on appelle : les rites et les cérémonies complétés par la musique et qui en rend l'accomplissement parfait. L'emploi, qui est ainsi fait de la musique, a cette grandeur qui vient d'être décrite. Les anciens, en ce qui touche les rites et la musique, ne pouvaient en éloigner leur personne. C'est ce qui en caractérise l'influence.

---

[1] 琴 *Kin*. Instrument représenté dans le *Chĭ-king*, édition impériale.

[2] 瑟 *Szĕh*. Même observation que ci-dessus.

[3] Ce ministre se nommait Lîng-lûn ; il était natif de Tà-hia, l'ancienne Bactriane.

[4] 上 帝 *Chàng ti*. Les dictionnaires chinois définissent ce terme composé par celui de 天 *thiên* « Ciel » : « *Chàng ti = Thiên yè* ».

[5] 祀 鬼 神 *Szé Koùeï Chîn*.

45-53. Parentés ascendantes et descendantes. Devoirs sociaux.

45.　高 曾 祖。父 而 身。

Kâo tsâng tsòu,　foú eûlh chîn.

Cao tăng tổ,　phụ nhi thân.

46.　身 而 子。子 而 孫。

Chîn eûlh tsèu,　tsèu eûlh sûn.

Thân nhi tử,　tử nhi tôn.

45. (Les parentés ascendantes et descendantes sont) : le tri-saïeul, le bisaïeul, l'aïeul, le père, sa propre personne,

46. Sa personne et le fils, le fils et les petits-fils.

Com. 45-46. Ce texte explique l'ordre des *neuf* degrés de parenté. Quels sont ces neuf degrés? Le premier est nommé le *trisaïeul*[1]. Le trisaïeul est le nom de l'ancêtre le plus élevé, ou le plus éloigné. C'est l'ancêtre du bisaïeul. Tous ceux qui sont nés du premier ancêtre, en descendant, sont placés sur la même ligne et font partie du même clan, ou de la même tribu. C'est ce que l'on appelle les cinq degrés de deuil observés dans la parenté.

Le deuxième est nommé le *bisaïeul*[2]. Le bisaïeul est une couche dans la ligne directe ajoutée à la première. On l'appelle l'*ancêtre* du père.

Le troisième est nommé l'*aïeul*[3]. Les uns le nomment le *grand-père* (*tá fóu*); les autres : le *père royal* (*wâng fóu*). On l'appelle encore le *père du père* (*fóu tchî fóu*).

[1] 高祖 *Kâo tsòu.*

[2] 曾祖 *Thsâng tsòu.*

[3] 祖 *Tsòu.*

Le quatrième est nommé le *père*[1]. Les uns le nomment le *prince de la famille* (*kiâ kiûn*[2]); d'autres : le *prince sévère* (*yân kiûn*[3]). Ce ne sont là que des dénominations honorifiques. Lorsque le père est décédé, on le nomme alors : l'*âgé* (*khào*[4]). La mère étant décédée, on l'appelle alors la « mère décédée » (*pì*[5]). Les *trisaïeuls, bisaïeuls, aïeuls, pères*, étant décédés, on les appelle tous *âgés, vieux* (*khào*). Les *trisaïeules, bisaïeules, aïeules* et *mères*, sont toutes désignées par le terme *pì*, les « *mères décédées* ».

Le cinquième ordre de parenté est nommé *soi-même*, c'est-à-dire sa propre personne. La femme principale de sa personne, qui est son égale, est l'*épouse*[6]. Toutes les autres femmes de la maison sont alors des *thsih*[7] ou femmes secondaires.

Le sixième ordre est celui des *fils*[8]. Ce sont les enfants nés des épouses et des femmes secondaires. Ceux qui sont nés de l'épouse (*uxor*) sont les enfants de la femme principale[9]; ceux qui sont nés de la femme secondaire, sont les enfants communs[10].

Le septième ordre est celui des *petits-fils*[11]; ce sont les enfants des enfants (du père). Le petit-fils, c'est la filiation continuée. C'est un fil qui continue et qui se transmet mutuellement. C'est le fil de soie que l'on tire du cocon et qui ne se rompt pas.

[1] 父 *Foù.*

[2] 家君。 [3] 嚴君。

[4] 考。 [5] 妣。

[6] 妻 *Thsî.* Uxor.

[7] 妾 *Thsih.* Uxor secundaria; concubina. Post uxorem ancilla.

[8] 子 *Tsèu.*

[9] 嫡子 *Tih tsèu.* Filii legitimi.

[10] 庶子 *Chóu tsèu.* Secundariarum uxorum filii.

[11] 孫 *Sûn.* La composition de ce caractère est, comme beaucoup d'autres en chinois, très-ingénieuse. Le radical figure le *fils*; le groupe auxiliaire à droite 系 qui, étant isolé, se prononce *hí*, figure des *fils de soie*, et par extension : *joindre, lier, continuer.* Le caractère ci-dessus : *Sûn*, représente donc un *fils continué*, un *petit-fils.*

47.　自　子　孫。　至　玄　曾。
　　　Tséu tsèu sûn,　　tchï hioûan tsêng.
　　　Tự　tử　tôn,　　chí huyên tăng.

48.　乃　九　族。　人　之　倫。
　　　Nàï kièou tsòu,　jïn tchî lûn.
　　　Nāi　cửu tộc,　　nhơn chi luân.

47. Des fils et petits-fils (énumérés ci-dessus, n° 46), jusqu'aux petits-fils des petits-fils ;

48. On atteint les neuf degrés de parenté qui constituent les relations des hommes entre eux.

Com. 47-48. Dans la descendance d'une personne il y a d'abord les fils et les petits-fils. Ceux qui descendent de ces derniers sont alors compris dans l'expression *hioûan tsêng* (descendants éloignés). Ceux du huitième degré se nomment *tsêng sûn*[1] : « arrière-petits-fils » ; ce sont les fils des petits-fils. Ceux du neuvième degré se nomment *hioûan sûn*[2] ; ce sont les petits-fils des petits-fils. Depuis *Kâo-tsòu*, le « grand ancêtre » jusqu'aux petits-fils des petits-fils (*hioûan sûn*), il y a neuf générations[3]. Tous les enfants que ces neuf générations ont produits, on les appelle les *neuf degrés* (de parenté en ligne directe, *kièou tsòu*)[4]. Ces parentés ou clans, provenant de la même souche, sont en grand nombre. Parmi eux il s'en est formé une foule d'autres ; chacun d'eux a une part de parenté, avec les autres, plus ou moins éloignée.

[1] 曾孫 *Tsêng sûn.*
[2] 玄孫 *Hioûan sûn.*
[3] 九世 *Kièou chï.*
[4] 九族 *Kièou tsòu.* « Novem consanguinei in rectâ lineâ, scilicet : « 1. atavus, 2. proavus, 3. avus, 4. pater, 5. ego, 6. filius, 7. nepos, 8. pro-« nepos, 9. abnepos. » (Basile.) Ces neuf degrés sont déjà indiqués dans le *Chou-king* (Yao-tien)

Les « relations naturelles ou de parenté des hommes entre eux »
(*lûn*), sont des dispositions bien ordonnées. Ces dispositions sont relatives à ceux qui sont élevés en dignité ou en rang (*tsûn*) comme à ceux
qui sont dans de basses conditions (*pêï*). Si ces relations sont bien
établies, bien fixées, il n'y a point de confusion ni de troubles (dans
les familles). Tous ces degrés de parenté entre les fils aînés et puînés,
et les pères; entre les fils de frères, ou neveux de frères ou cousins :
tous petits-fils d'un même ancêtre, tous sont issus de parents provenant de la même souche, « parenté céleste » (*thièn lûn*). Ils ont tous la
même origine; de sorte que l'on doit employer toutes ses facultés pour
remplir ses devoirs de respect et d'affection, et ne pas être défaillant.

49. 父 子 恩。夫 婦 從。
Foú tsèu ngân,   fôu fòu thsoûng.
Phụ tử ân,   phu phụ tùng.

50. 兄 則 友。弟 則 恭。
Hioûng tsĕh yèou,   ti tsĕh koûng.
Huinh tắc hữu,   dệ tắc cung.

49. L'affection, la tendresse entre le père et le fils, la condescendance et la douceur entre le mari et la femme;

50. L'amitié du frère aîné pour ses frères puînés, et la déférence des puînés pour l'aîné, (sont des devoirs de famille).

Com. 49-50. Si l'on considère bien attentivement les relations sociales des hommes entre eux[1], on trouve qu'elles sont secondaires,
relativement aux « neuf relations de parenté » (*kièou tsòu*). Il y a de
plus dix devoirs sociaux[2]. L'un se nomme le devoir du père et des fils

[1] 人 倫 *Jîn lûn.*

[2] 十 義 *Chĭh i. I,* Justitia, justum; virtus justitiæ; *scilicet :* per quam
jus suum cuique tribuitur. (B.)

(indiqué dans le texte). Celui qui nous a donné naissance, c'est le *père;* nous qui avons reçu la naissance, nous sommes les fils, les enfants. La règle de conduite du père et du fils réside, pour l'un, dans la tendresse et l'affection, et pour l'autre, dans la piété filiale; toutes deux proviennent du bienfait que le ciel nous a fait en notre nature. — Un autre concerne le *mari* et la *femme.* Quant au mari (*nân*), « mas », il est le maître de la maison; quant à la *femme* (*niu*), « fœmina », elle a le soin de la famille. Si le mari et la femme aiment la concorde, l'union, par une mutuelle *condescendance,* règnera entre eux. C'est ce que l'on appelle : la règle pour exercer l'un sur l'autre une influence salutaire. — Un autre concerne les *frères aînés* et les *frères puînés.* Le premier né (*siân síng*) c'est le « frère aîné » (*hioûng*); ceux qui naissent ensuite sont les « puînés » (*ti*). Étant d'une seule et même origine, le fils aîné doit alors avoir de l'amitié, de la tendresse pour ses frères puînés; les frères puînés (*ti*) doivent, à leur tour, avoir de la déférence, du respect, pour leur frère aîné. Cela s'appelle : les convenances des mains et des pieds. Les hommes peuvent se comporter ainsi, car ce sont là les plus belles vertus que le ciel nous ait départies pour nos relations sociales. C'est la plus grande joie qui puisse exister dans l'intérieur des familles.

51. 長 幼 序。 友 與 朋。
Tchâng yáo siú, *yèou yù p'êng.*
Trưởng ấu tự, hữu dzữ bằng.

52. 君 則 敬。 臣 則 忠。
Kiûn tsĕh kíng, *tchîn tsĕh tchoûng.*
Quân tắc kính, thần tắc trung.

53. 此 十 義。 人 所 同。
Thsè chĭh i, *jîn sò thoûng.*
Thử thập ngãi, nhơn shở dồng.

51. La place que l'homme âgé et le jeune homme doivent occuper dans la société, les rapports des amis et camarades entre eux ;

52. La considération du prince pour ses ministres, la fidélité des ministres envers le prince ;

53. Ce sont là les dix devoirs sociaux que les hommes ont à pratiquer entre eux dans leurs relations mutuelles.

Com. 51-52. Il y a un devoir que l'on nomme celui des « amis entre eux ». Ceux qui ont les mêmes vertus, les mêmes qualités sociales, sont les « amis[1] » ; ceux qui sont de la même classe (*thoûng loûi*) sont des « camarades[2] ». Avoir les mêmes sentiments de sympathie l'un pour l'autre ; se rendre mutuellement tous les devoirs de civilité ; conserver tous les égards relatifs aux différents âges ; avoir entre soi des rapports de frères ; conserver les mêmes devoirs dans la vie et à la mort ; partager les mêmes sentiments de douleur et de joie : voilà la règle de conduite des *amis* entre eux. Elle est telle et pas autrement. Si ce n'est pas cela, alors ce que l'on appelle *amitié* ne dépasse pas les relations fugitives que l'on contracte et que l'on rompt si facilement dans le monde. Ce n'est pas là ce que l'on appelle *amitié*. — Un autre devoir (le cinquième) est celui des rapports entre le *prince* et ses *ministres*. Le *prince* est le supérieur des *ministres ;* les *ministres* sont les auxiliaires du *prince*. En ce qui concerne le *prince*, il est bon qu'il soit perspicace, intelligent, qu'il ait (pour ainsi dire) une intelligence intuitive, afin de bien gouverner son peuple ; qu'il soit grave, ferme, sévère au besoin, plein de déférence et de courtoisie, afin d'occuper dignement sa situation ; affable, digne, grand, généreux, bienfaisant, pour diriger ses ministres.

En ce qui concerne les *ministres*, ils doivent être éclairés, pleins de droiture, avoir des sentiments élevés pour maintenir leur intelligence

---

[1] 朋 *p'êng*. Ce caractère est composé de deux figures de la lune, associées ou groupées ensemble.

[2] 友 *yèou*. « Les lettrés qui suivent les mêmes études sont des *yèou :* « camarades », disent les dictionnaires chinois. Le caractère est *figuratif;* il est composé de *deux mains* qui s'entrelacent.

« In communitate sunt gradus officiorum; ex quibus quid cuique præstet, « intelligi possit : ut prima, diis immortalibus ; secunda, patriæ ; tertia, paren-« tibus ; deinceps gradatim reliquis debeantur. » (Cic., *De Offic.*, I. 45.

(*litt.* « leur cœur ») à la hauteur de leur situation ; être justes, équitables, incorruptibles, désintéressés, perspicaces, sincères, afin de remplir complétement leurs devoirs officiels ; fidèles, bons, généreux, vigilants, afin de servir convenablement leur supérieur. S'il en est ainsi, alors les États seront tranquilles et paisibles ; le gouvernement aura une grande influence morale. S'il en est autrement, alors le *prince* devient hautain, orgueilleux ; les *ministres* sont adulateurs, et journellement (l'État) marche rapidement vers des convulsions.

Com. 53. Les rapports entre le *père* et le *fils*, le *mari* et la *femme*, le *frère aîné* et les *frères puînés*, les *amis* et les *camarades*, le *prince* et ses *ministres*, sont ce que l'on appelle les « Cinq relations sociales ». L'affection du *père*, la piété filiale du *fils*, la complaisance, la condescendance du *mari*, la soumission de la *femme*, la tendresse du *frère aîné*, la déférence des *frères puînés*, les sentiments d'attachement, de dévouement des *amis*, la sincérité des *camarades*, l'estime et la considération des *princes*, la fidélité des *ministres* : c'est là ce que l'on nomme les *Dix devoirs sociaux*[1]. Ce que les hommes ont de commun entre eux, c'est d'être pourvus de cette raison naturelle[2] qui doit diriger leur conduite) ; c'est la loi, la doctrine que tous les hommes doivent suivre et pratiquer.

54-89. Cours d'études progressives, avec l'énumération des ouvrages qui doivent être successivement étudiés.
54-55. Méthode à suivre dans l'enseignement primaire.

54. 凡 訓 蒙 。 須 講 究 。

Fân hiún moŭng, siŭ kiàng kiéou.
Phàm huấn mông, tu giảng cứu.

---

[1] Voir la note 2 ci-dessus au n° 50, p. 35.

[2] 理 *Lì*. (Voir la *note* au vers 14 et aux vers 25-26.) Je citerai encore Cicéron : « Lex est *ratio summa*, insita in natura, quæ jubet ea quæ facienda « sunt, prohibetque contraria. » (*De Leg.*, I, 22.)

« Quid est autem, non dicam in homine, sed in omni cœlo atque terra, « *ratione divinius?* quæ quum adolevit atque perfecta est, nominatur rite « sapientia. Est igitur, quoniam nihil est ratione melius, eaque et in homine, « et in deo, prima homini cum deo rationis societas. » (*De Leg.*, I, 7.)

55. 詳 訓 詁。明 句 讀。

Thsiâng hiún kòu,   mîng kiu théou.

Tường huẩn cỏ,   minh cu dọc.

54. Quiconque se livre à l'enseignement des enfants, doit le faire par des explications claires et complètes,

55. Rechercher avec soin le sens primitif et le sens dérivé des caractères, et signaler clairement, à la lecture, la coupe et les membres des phrases.

Com. 54. La numération part de l'*unité* —, 1, pour arriver à *dix* (voir n° 23). Jusqu'à ce chiffre, ce sont tous des nombres simples [1]. C'est ce que l'on nomme : « connaître certains nombres ». Après ceux-là (les instituteurs) expliqueront clairement et feront apprendre, de mémoire, le sens d'un certain nombre de caractères d'écriture [2]. Tout cela c'est l'application de « la règle ou méthode de l'enseignement des enfants ». Les enfants qui n'ont encore reçu aucune éducation sont comme les roseaux qui commencent à pousser. Les enfants qui restent dans l'ombre de l'ignorance, ne sont pas encore éclairés. La manière la plus convenable pour instruire les enfants consiste, en premier lieu, dans des explications et des investigations suivies. Les « explications » sont un examen minutieux du sens des caractères expliqués ; les « investigations » sont la recherche approfondie pour en découvrir le sens le plus subtil et le plus obscur.

Com. 55. Le caractère *kòu* [3] signifie : examiner les preuves, les témoignages ; c'est par conséquent examiner soigneusement et minutieu-

---

[1] Voici ces nombres : 一 二 三 四 五 六 七 八

九 十。

1 2 3 4 5 6 7 8

9 10.

[2] 文 *wên*. Caractères figuratifs élémentaires de l'écriture chinoise.

[3] 詁 *kòu* « expliquer les paroles et les doctrines des anciens ». *Hiún kòu yân yè* « pénétrer les expressions des écrivains anciens et modernes et en éclaircir les causes ».

sement la raison du sens donné (aux caractères) que l'on explique :
de plus, c'est aussi rechercher les preuves évidentes de leur origine
et de leur dérivation. Le sens ou la signification de tous les caractères
de l'écriture, a une racine qui détermine cette signification. Le sens
des caractères d'écriture de tous les *King*, ou « Livres canoniques » et
autres, est déterminé, pour chaque phrase, là où le sens s'arrête et
constitue la phrase en un tout complet. La demi-phrase, (dont le sens
est suspendu) est ponctuée à la lecture. Si les caractères qui forment
la phrase s'étendent démesurément, alors on la coupe dans le milieu,
et, par abréviation, on marque la coupure par un point [1], afin d'en
rendre aux enfants la lecture plus facile et plus pratique.

56-65. Enseignement supérieur. Les Ssé-Choû, c'est-à-dire les Quatre Livres classiques. Leurs auteurs et leur histoire.

56. 爲 學 者 。 必 有 初 。
Wĕï hiŏh tchè,   *piĕh yèou thsôu.*
Vi học giả,   tất hữu shơ.

57. 小 學 終 。 至 四 書 。
Siào hiŏh tchoŭng,   *tchí ssé choŭ.*
Tiểu học chung,   chí tứ thơ.

56. Ceux qui se livrent à l'étude doivent avoir un point de
départ.

57. L'étude primaire étant terminée, on passe aux Quatre
Livres classiques.

[1] De nos jours, toutes les éditions impériales des *King* ou « Livres canoni-
« ques », des *Ssé-Choû*, etc., sont ponctuées; les changements d'accents y
sont même indiqués : les *points* par un petit ₒ placé en bas et à droite du
dernier caractère de la phrase; les *virgules* par le même petit o placé au milieu, comme on l'a fait pour le texte du *Sân tséu king*, reproduit ici.

Com. 56. Toute la méthode pour faire ses études consiste à procéder graduellement, afin d'avancer sûrement. Ceux qui commencent leurs études doivent partir des choses superficielles (faciles) pour passer ensuite à des choses profondes ; ils ne doivent pas transgresser l'ordre régulier des études. Alors ils pénétreront facilement (dans les choses difficiles) et ils ne rencontreront pas d'obstacles. Peu d'entre eux auront le chagrin de ne pas pouvoir pénétrer les difficultés.

Com. 57. Dans l'antiquité, les jeunes gens, dès l'âge de huit ans, entraient d'abord dans les écoles primaires. Ils y apprenaient à arroser, à laver, à balayer, à répondre aux appels, à se présenter et à se retirer avec un maintien convenable. Ils apprenaient aussi les rites, la musique, l'art de tirer de l'arc, de conduire une voiture, les caractères de l'écriture et le calcul. On leur faisait connaître leurs devoirs, en les leur faisant apprendre par cœur. C'est ce qu'on appelle «savoir un certain nombre de caractères».

C'est pour ces motifs que Tchoû-tseù (nommé communément Tchoû-hî) composa et publia son livre intitulé : la *Petite Étude*[1], (ou le « Livre d'étude pour les jeunes gens »). Son but et d' « Établir les principes de l'enseignement » ; d' « Exposer clairement les devoirs sociaux » ; d' « Être très-attentif sur sa propre personne ». Ce sont là les devoirs intérieurs ou intrinsèques. L' « Examen des usages de l'antiquité », la « Recherche des paroles mémorables des anciens », celle de leurs « Actions vertueuses[2] », sont les sujets de l'étude extrinsèque. L'expression «établir l'enseignement » : c'est exposer les principes qui doivent servir à l'enseignement, à l'éducation des élèves des écoles. Les termes : «exposer clairement les devoirs sociaux» comprennent tout ce qui peut servir à éclairer, à rendre manifestes les devoirs des hommes entre eux. Ceux de : «être très-attentif sur sa propre personne» signifient : «respecter cette même personne et ne pas oser se permettre d'en faire un être paresseux, fainéant ». C'est pourquoi Tchou-tseù a exposé clairement et expliqué le tout en trois sections (les trois premières). En

---

[1] 小 學 *Siào hiŏh*, en deux sections ; l'une intitulée *Nèï piĕn*, « relative à l'intérieur des familles », et l'autre *Aï piĕn*, « relative à l'extérieur ».

[2] Ces six dénominations sont les titres des six chapitres dans lesquels est divisé le *Siào hiŏh* du philosophe Tchou-hî.

outre il y en a ajouté (trois autres) qui sont : 1° l' «examen des usages de l'antiquité», c'est dans cette section qu'il examine comment les anciens établirent les règles relatives à «l'enseignement», aux «devoirs sociaux», et au «respect de sa propre personne». 2° La recherche des paroles mémorables des anciens» ; c'est dans cette section, qu'il a recueilli ce que les anciens ont dit, concernant l'institution de l'enseignement, les devoirs sociaux, et le respect de sa personne». 3° Les «actions vertueuses» : c'est dans cette section qu'il a aussi recueilli ce que les anciens ont fait de bien, concernant ces mêmes sujets, afin de leur donner un corps, d'en faire une réalité. Les jeunes étudiants doivent s'approprier ces paroles, ces maximes, que Tchoû-tsèu a si bien éclaircies et mises en évidence dans son livre pour les Écoles primaires. C'est après cela que ces étudiants pourront s'appliquer à l'étude des «Quatre Livres classiques» (Szé-Choû) qu'ils ne trouveront pas alors difficiles.

Les «Quatre Livres» comprennent : le *Lùn*, le *Mêng*, le *Hiŏh* et le *Yoŭng*[1]. L'antiquité possédait ces ouvrages. Tchoû-tsèu fit un commentaire choisi (*tsǐh tchǔ*) et compléta ainsi les *Quatre Livres*. Les ouvrages : le *Lùn* et le *Mêng*, furent compris, sous les dynasties des Thâng, des Soùng, et après elles, avec le Livre de la piété filiale *Hiào Kîng*, le *Eŭlh yà* (sorte d'ancien Dictionnaire par ordre de matières), les deux Commentaires de *Koûng-yâng* et de *Kŏh-liâng* (sur le *Tchûn-thsieôu* de Confucius), le *Tchêou-lî* (Rituel des Tcheôu) et le *I-lì*, (autre rituel), pour former, avec les «Cinq Kîng» (*Où Kîng*) actuels, la «collection des *Treize Kîng* (*Chǐh sân Kîng*). Le *Lùn-yǔ* et le *Mêng-tsèu*, forment, dans cette collection, deux ouvrages à part. Les «deux com-

---

[1] C'est-à-dire : le *Lùn-yù*, le *Mêng-tsèu*, le *Tá hiŏh* et le *Tchoŭng yoŭng*, qui sont réunis sous le nom de *Szé-Choû*, les «Quatre Livres». Il en sera question ci-après. Ils sont énumérés dans le «Catalogue des livres, recouvrés «après l'ordre de destruction par le feu, ordonné par *Thsîn Chi-Hoâng-tí*, «213 ans avant notre ère». Ce Catalogue, rédigé au Ier siècle avant notre ère par Lièou Hiâng et Lièou Hîn, tous deux fils de l'historien Pan-kou, et inséré dans son «Histoire de la dynastie des Han» (livre XXX), a été traduit en entier par celui qui écrit ces lignes, et publié dans le *Journal asiatique* de Paris (n[os] de septembre-octobre 1867 et avril-mai 1868), dans deux «Mémoires «sur l'antiquité de l'histoire et de la civilisation chinoises».

mentaires » énumérés, sont, dans la pratique, plus ou moins estimés. Les deux livres : le *Tchoûng-yoûng* (l' «Invariabilité dans le milieu »), et le *Tá hiŏh* (la « Grande Étude ») étaient aussi compris dans le *Lì ki* (le « Mémorial des Rites »). Tchoù-tsèu les en tira et les expliqua phrase par phrase en les divisant par chapitres (*tchâng*). Réunis au *Lùn yù* et au *Mĕng-tsèu*, il leur donna le nom général de *Szé Choù*, « les Quatre Livres ». Depuis lors, ils portent le nom de *Szé Choù*. Que les étudiants commencent par les apprendre, en y appliquant toute leur attention, et alors ils connaîtront les sources où Khoùng (Confucius), Yên (-hoeï), Ssê (Tsèu-ssê) et Mêng (-tsèu) ont puisé.

58. 論 語 者 。 二 十 篇 。
Lûn   yù   tchè,   eûlh   chĭh   piên.
Luận ngữ giả,   nhị   thập thiên.

59. 群 弟 子 。 記 善 言 。
Kiûn   tí   tsèu,   ki   chén   yân.
Quân dệ tử,   ký   thiên ngôn.

58. Le *Lûn yù*, ou les « Entretiens », comprend vingt sections;

59. Les nombreux disciples (du grand philosophe) y recueillirent ses vertueuses paroles.

Com. 58-59. Le *Lùn-yù* est le livre dans lequel les disciples de *Khoûng-tsèu* (Confucius) ont recueilli et transmis sa doctrine. Il y en avait plusieurs rédactions : le *Lûn* de Thsi et le *Lûn* de Lou.[1] Le *Lûn* de Thsi n'a pas été mis au jour; celui qui est maintenant en circulation, est le *Lûn* de Lou. Il contient en deux divisions (*chàng* et *hía*), vingt chapitres.

---

[1] *Thsi* et *Lou* étaient deux États feudataires, sur les douze qui existaient alors en Chine. L'État de *Lou* était la patrie de Confucius; c'est aujourd'hui la province de *Chân-toûng*.

Le *Lûn-yù* est l'œuvre des disciples de Khoûng-tsèu : Tsèu-hiá, Tsèu-Tchâng, Tsèu-Yeou, avec Thsêng-tsèu, et Min-tsèu, ses principaux disciples[1]. Ils avaient recueilli, par écrit, les paroles, les actions et les exhortations du saint homme; leurs réponses à ses questions sont des commentaires des paroles du maître. Le « Commentaire choisi » de Tchoû-tsèu est la tête (c'est-à-dire, l'explication principale) des « Quatre Livres ».

60.　孟　子　者　。　七　篇　止。
　　　Méng tsèu tchè,　　thsĭh p'iĕn tchĭ.
　　　Mạnh tử giả,　　thắt thiên chỉ.

61.　講　道　德　。　說　仁　義。
　　　Kiàng tào tĕh,　　chŏŭe jîn ĭ.
　　　Giảng dạo dức,　　thuyết nhơn ngãi.

60. Le Méng-tsèu, c'est-à-dire : le livre du philosophe de ce nom, se termine au septième livre.

61. L'auteur y disserte sur la raison, ou la voie droite, et la vertu ; sur l'humanité et la justice.

Com. 60-61. Méng-tsèu vivait à l'époque des guerres civiles (entre les différents États de la Chine[2]). Il parcourut ceux de Thsi et de Liâng. Sa doctrine ne s'étant pas propagée, il s'en retourna dans l'État

[1] Le célèbre historien Ssé-ma Tsien dit que Confucius comptait soixante-dix-sept de ses disciples qui avaient tous des connaissances éminentes. Le premier était Yên (Hoéï); le second Min (Tsèu-kien); le neuvième Yan-yen, surnommé Tsèu-yéou; le dixième Pou-chang, surnommé Tsèu-hià; le onzième Touân-tsun, surnommé Tsèu-tchang; le douzième Thsêng-tsèu, surnommé Tsèu-yu.

[2] Méng-tsèu (Mencius, nom latinisé), naquit l'année 371 avant notre ère, 4e année du règne do Lie-Wâng, dans la ville de Tséou, province actuelle du Chân-toûng. Latitude de cette ville : 36° 56′; longitude 115° 30′.

de Tséou. Ses disciples Koûng-sûn Tchêou et Wan-tchang l'y suivirent. C'est alors qu'il composa et mit au jour son Méng-tsèu, divisé
en deux livres et en sept parties.

Ce qu'il nomme 道 *tào* est cette grande voie (*tá tào*), par laquelle,
dans tous les temps anciens et modernes, on passe tous ensemble sur
la terre. La *Vertu* est cette vertu du cœur, cette vertu morale que les
saints hommes et les sages ont su pratiquer eux-mêmes. L'*Humanité*,
c'est de ne pas travailler que pour soi-même, mais que tout ce que
l'on fait, le soit en vûe du bien public. La *Justice*? c'est de ne pas
s'approprier tous les profits, (tous les avantages de sa situation) mais
que ces profits se répandent sur tout le monde. Si l'on honore un roi
qui soit vil, tyrannique, il appartient à la raison céleste de lui retirer
l'affection du peuple. Estimer par dessus tout les dignités conférées
par le Ciel (comme celles des princes et des rois), mais en même temps,
mépriser les grands hommes, ne tenir aucun compte des doctrines de
Yâo et de Chûn, ne pas informer les princes de l'état réel des choses,
ne pas leur faire entendre des paroles d'humanité et de justice c'est
(pour des ministres) manquer à leur devoir envers leur supérieur en
ne lui disant pas la vérité.

62. 作 中 庸 。 乃 孔 伋 。

Tsŏh Tchoŭng-yoŭng,   *nài Khoŭng kĭh.*
Tác trung dzong,   nãi khổng cấp.

63. 中 不 偏 。 庸 不 易 。

Tchoŭng pŏu p'ian,   *yoŭng pŏu yĭh.*
Trung bất thiên,   dzong bất dziẹc.

62. (L'auteur) qui composa le *Tchoŭng yoŭng* (l'invariabilité
dans le milieu) fut *Khoŭng khi.*

63. Le « milieu » (*tchoŭng*), c'est ne pencher d'aucun côté;
l' « invariabilité » (*yoŭng*), ne pas changer.

Com. 62-63. *Khoŭng-kĭh* était le petit-fils de Khoŭng-tsèu, et le fils de Pé-yû; son nom viril (donné à l'âge de vingt ans), était Tsèu-ssé. Les lettrés de nos jours l'honorent comme ayant rapporté fidèlement les paroles du saint (Confucius, son aïeul). Il composa le *Tchoŭng-yoŭng*, formant un *piên* ou livre, et comprenant en tout : trente-trois *tchâng* ou chapitres. Tchîng-tsèu a dit : « Ne pencher d'aucun côté, est appelé *milieu*; ne pas changer, est appelé *invariabilité* ». Tchoŭ-tsèu a dit aussi : « le *Milieu* » est un terme qui signifie : « ne pas dépasser le but, et ne pas manquer de l'atteindre ». L' « *Invariabilité*, c'est rester constamment le même, sans changer ». Tout ce qui est dit incomber (comme devoir) à la personne de l'homme, c'est l'usage qu'il doit faire journellement de sa raison, en suivant la « voie droite » dont il ne doit jamais s'écarter d'un seul point; sa doctrine (celle qui est enseignée dans le *Tchoŭng-yoŭng*) et très-étendue; ses principes très-subtils et abstraits. C'est ce qui est exprimé ainsi, (dans le texte du livre, : « La *voie* ou la *doctrine* » des hommes supérieurs, éminents par leurs vertus, est vaste et profonde[1] ».

64. 作 大 學 。 乃 曾 子 。
Tsŏh   tá   hiŏh,   năi Thsêng tsèu.
Tác   đại   học,   nãi   Tăng tử.

65. 自 修 齊 。 至 平 治 。
Tsèu sieôu thsi,   tchí pîng tchí.
Tự   tu   tê,   chí   bình   trị.

64. Celui qui composa le *Ta Hioh* ou la Grande Étude, c'est Thsêng-tsèu.

[1] « Ce livre comprend les règles de l'intelligence qui ont été transmises par « les disciples de *Khoŭng-tsèu* à leurs propres disciples. *Tsèu-ssé* (petit-fils « de *Khoŭng-tsèu*), craignit que, dans la suite des temps, ces règles ne se « corrompissent; c'est pourquoi il les consigna dans ce livre pour les trans- « mettre lui-même à *Mêng-tsèu,* etc. » (Voir ma traduction des *Ssé Choŭ,* « Livres sacrés de l'Orient », p. 163, et *Confucius et Mencius,* édition Char- pentier, p. 32.)

65. (L'auteur) part de la manière de cultiver ou corriger sa personne, de mettre le bon ordre dans sa famille, et qu'après cela on arrive à gouverner pacifiquement (un État).

Com. 64-65 Thsêng-tsèu avait pour petit nom Thsàn, et pour nom viril ou surnom Tsèu-yû; c'était un disciple de Khoûng-tsèu (Confucius). Il a transmis par écrit et mis dans un ordre régulier la doctrine de Khoûng-tsèu. Les étudiants le révèrent comme ayant fait le plus grand honneur à la mémoire du saint (Confucius), en transmettant sa doctrine à la postérité. Il rédigea le livre nommé *Tá hiŏh*. Le *Tá Hiŏh*, est l' « Étude des hommes faits. Son thème (*kâng*) consiste : « à « développer et mettre en lumière le principe lumineux de la raison, « à renouveler les hommes, et à placer sa destination définitive dans « la perfection ou le souverain bien[1] ». Son développement (*mŏuh*) consiste à « pénétrer et approfondir les principes des choses » (*kĕh wĕh*), à « perfectionner ses connaissances » (*tchî tchî*), à « rendre ses « intentions pures et sincères » (*tchîng i*), à « donner de la droiture à « son âme », (*tchîng sîn*); à « se corriger soi-même » (*sieôu chîn*), à « mettre le bon ordre dans sa famille (*thsĭh kiă*) ; à « bien gouverner « le royaume (*tchî koŭe*), en entretenant la paix et la tranquillité dans « son sein (*p'îng thiên-hía*) » ; c'est-à-dire : accomplir soi-même les œuvres des saints hommes. Les étudiants doivent d'abord y appliquer toutes les forces de leur intelligence.

Tchoû-tsèu a divisé l'ouvrage (le *Tá hiŏh*) en une première partie qui est le *Kîng* (le texte propre de Confucius), et en dix autres comprenant le commentaire (*tchoûan*, de Thsêng-tsèu). C'est ce que l'on appelle : commencer ses études en entrant par la porte de la vertu. — Quant à la doctrine de Khoûng-tsèu, on fait observer que Thsêng-tsèu seul a atteint la hauteur de ses pensées. Les études de Tsèu-ssé se firent principalement sous la discipline de Thsêng-tsèu. Méng-tsèu en reçut la succession des disciples de Tsèu-ssé. Ces ouvrages (qu'ils ont composés)

---

[1] On peut voir ce passage dans l'édition du 大 學 *Tá Hiŏh* en chinois, en latin et en français, avec commentaires, que j'ai publiée en 1837. Les paroles citées sont de Confucius même.

sont rangés dans l'opinion, par ordre de mérite. En premier lieu Khoûng (tsèu) et Meng (tsèu); ensuite on arrive à Tsèu-ssé. Thsêng-tsèu, au contraire, est placé beaucoup après. Pourquoi cela? Car ce livre (celui de Tsèu-ssé) ne contient que l'arrangement secondaire fait de son temps. Le Lûn-yù, le Meng-tsèu ont été, dès l'origine, des ouvrages complets, le *Tchoûng Yoûng*, le *Tá hiŏh*, en ce qui les concerne, sont des chapitres extraits du *Lì-kí*, (Mémorial des rites, l'un des cinq *King*); le *Tchoûng-yoûng* en formait le 31ᵉ chapitre, et le *Tá hiŏh*, le 42ᵉ. Tchou-tsèu les en détacha et les divisa par chapitres pour faire partie des *Ssé-Choû*, (les « Quatre Livres classiques »). Il fit cela parce qu'il les considérait comme secondaires (étant à ses yeux, déplacés dans l'un des cinq *King* ou « Livres canoniques »).

66-83. Le Hiào-Kîng, de Confucius; les Six Kîng ou Livres canoniques.

66. 孝 經 通 。 四 書 熟 。
Hiào kîng thoûng, ssé choû chŏh.
Hiếu kinh thông, tứ thơ thục.

67. 如 六 經 。 始 可 讀 。
Joû loŭh kîng, chì khò toŭh.
Như lục kinh, thủy khả độc.

66. Le Livre de la piété filiale (*Hiào Kîng*) étant bien appris, les « Quatre Livres » (*Ssé Choû*) étant bien mûris dans son esprit;

67. Alors on passe à l'étude des six *Kîng*, que les élèves commencent à pouvoir lire.

Com. 66-67. Ce texte indique l'ordre dans lequel on doit lire les livres (énumérés). Le *Hiào kîng* formait anciennement l'un des *Treize*

King [1]. Thsêng-tsèu arrangea et mit en ordre les paroles formant les demandes et les réponses recueillies par lui dans ses entretiens avéc Khoûng-tsèu, et en composa le *Hiào King*, en 18 chapitres, dans le but d'éclaircir la doctrine de la piété filiale. Les étudiants après avoir bien mûri, dans leur esprit, le contenu des «Quatre Livres», doivent, avant tout autre, lire le *Hiào King* pour savoir quels sont les rites que les enfants doivent observer envers leurs parents. Après avoir suivi cet ordre, ils passeront à la lecture des *Six King*.

68. 詩 書 易 。 禮 春 秋 。
　　Chî Choû Yĭh,　　*Lì Tchŭn-tĥsiêou.*
　　Thi　thơ dziệc,　　lễ　xuân thu.

69. 虓 六 經 。 當 講 求 。
　　Hào loŭh King,　　*tâng kiàng khiêou.*
　　Hiệu lục kinh,　　dang giảng cầu.

68. Le *Chî King,* ou Livre des Vers, le *Choû King,* ou Livre des Annales, le *Yih King,* ou Livre des Transformations, les deux *Li,* ou Livres des Rites, le *Tchŭn Tsiêou,* ou le Printemps et l'Automne,

69. Sont compris sous la dénomination des *Six King,* ou les Six Livres canoniques, qui exigent des explications approfondies.

---

[1] Il en fait encore partie dans la nouvelle édition des *Treize King* (十 二 經 *Chĭh sân King*), publiée en 1815 par les soins du savant Youèn Youân, gouverneur de la province de *Kiâng-sî.* Il y est dit, dans la Préface et sur le titre même, que cette nouvelle édition a été faite sur celle qui fut publiée sous la dynastie des Soûng, et comprenant les anciens commentaires, le tout composé de 416 *Kioùan* ou Livres. A la suite de chaque Livre, l'éditeur Youèn Youân reproduit les variantes des différentes éditions, jusqu'à celles des anciennes éditions faites sur des tables de pierre, dont la première date de l'année 175 de notre ère, et formait 46 tables ou stèles pour les *King,* ou « Livres canoni- « ques ».

Com. 68-69. Ce texte donne seulement l'énumération des six *Kîng* qui sont le *Yih*, le *Chôu*, le *Chî*, le *Tchûn-Thsiêou*, le *Tchêou-li*, et le *Li-ki*. Ce sont là les six *Kîng* dans l'ordre de leur classement, que les étudiants doivent expliquer en y apportant le plus grand soin, et qu'ils doivent chercher à comprendre à fond en les *triturant*, c'est-à-dire, en les ayant constamment entre les mains. Dans le temps, le *Tchêou-li* (les Rites de la dynastie des Tchêou) était compris au nombre des *Kîng*, et aujourd'hui, on en a exclu le *Tchêou-li* pour ne plus former que *Cinq Kîng (Où Kîng)*.

70.　有　連　山　。　有　歸　藏　。

Yèou　liên　chân,　　yèou　koûeï thsâng.
Hữu　liên　shơn,　　hữu　qui　tàng.

71.　有　周　易　。　三　易　詳　。

Yèou Tcheou yih,　　sân　yih thsiâng.
Hữu　châu dziệc,　　tam dziệc tưởng.

70. (En fait de « Livres des Transformations »), il y a le *Liên-chân*, il y a le *Koûeï-thsâng*;

71. Il y a le *Yih* des Tcheôu : trois *Yih* ou Livres des Transformations à expliquer.

Com. 70-71. L'étude du *Yih*, « Livre des transformations », avait *trois* parties. La 1re se nommait *Liên-chân*, « les montagnes contigues »; c'est le *Yih* de *Fouh-hi*. Il commençait par (le *koûa* nommé *Kén*[1], qui est l'image des montagnes. La 2e se nommait *Koûeï-thsâng* (le « retour au sein mystérieux de la nature »); c'est le *Yih* de *Yên-ti* (l'empereur *Yên*, c. à d. *Chîn-noûng*, le « divin laboureur »); il commençait par le

---

[1] 艮 *Kén*, le 52e des 64 hexagrammes ou symboles de Fou-hi, représenté par cette figure : ☶ , qui est la figure répétée ou redoublée du symbole *montagne*.

Koúa (nommé) *Koùan* [1], qui est l'image de la terre. La 3ᵉ est nommée le *Yĭh* de *Wên-wâng*; il commence par le *Koúa* : *Khiân* [2] qui est l'image du Ciel. Le *Liên-chân* et le *Koùeï-thsâng* étaient deux *Yĭh* qui furent détruits par le feu des *Tshĭn* (l'incendie des Livres, ordonné par l'empereur Hoâng-tí). Depuis, on n'a pas pu en retrouver des traces. Maintenant, celui qui a cours est le *Yĭh* des Tchẹôu, lequel a 64 figures de *Koúa* (chacun de six lignes entières ou brisées). Il commence par les *Koúa* de *Foŭh-hi*. Les « explications des *Koúa* » [3] et les « explications des *Toùan* » [4] sont celles qui ont été faites par *Wên-wâng*; les explications des *Hiâo* (ou lignes) des *Koúa* [5], sont celles qui ont été faites par Tchêou-koûng. Les « figures des *Koúa*, les figures des *Hiâo* [6], les *Wên-yân* [7], les deux chapitres des Appendices [8], ont été composés par Khoùng tsèu (Confucius).

[1] 坤 *Koùan*, le 2ᵉ hexagramme, représenté par cette figure : ䷁ .

[2] 乾 *Khiân*, le 1ᵉʳ hexagramme, représenté par cette figure : ䷀ .

[3] 卦 辭 *Koúa thsêu.* [4] 彖 辭 *Toùan thsêu.*

[5] 卦 之 爻 辭 *Koúa tchĭ hiâo thsêu.*

[6] 卦 象 爻 象 *Koúa siâng, Hiâo siâng.*

[7] 文 言 *Wên yân.*

[8] 上 下 繫 辭 *Chàng hia Hi thsêu.* Les lignes fondamentales et primitives du *Yĭh king*, sont d'abord les huit trigrammes de Fouh-hi, qui, par leur combinaison, en ont formé soixante-quatre, composés chacun de six lignes entières ou brisées, que l'on nomme *hexagrammes*, et qui furent ensuite expliqués par *Wên-wâng* et *Tchêou-koûng*. Le premier était le père de *Woŭ-wâng*, qui fonda la dynastie des Tchêou (1,134 ans avant notre ère). *Tchêou-koûng* était aussi fils de *Wên-wâng* et le frère de *Woŭ-wâng*. Ces deux princes furent les premiers qui expliquèrent les soixante-quatre *hexagrammes* de Fouh-hi. Les premières explications sont celles de Wên-wâng et les secondes celles de Tchêou-koûng. Confucius, cinq siècles après, commenta leurs explications : les *Toùan*, qui sont celles de *Wên-wâng*, et les *Siâng*, qui sont celles de *Tchêou-koûng*, et y ajouta le *Hi-thsêu*, ou *Appendices* qui sont un « Exposé « philosophique » du *Yĭh King*; les *Wên-yân*, « éclaircissements » des *Toùan* et des *Siâng*; le *Hi-thseu*, « grand Appendice » en deux livres; les *Choùe Koúa*, autre commentaire du même philosophe sur les *Koúa*, et le *Siù-koúa-tchoùan*, autre commentaire du même. Tous ces traités et commentaires de Confucius forment la partie essentielle du *Yĭh King*.

Le (*Yĭh*) *Kĭng* est donc l'œuvre des quatre saints hommes qui ont concouru successivement à sa rédaction complette actuelle. Les lettrés qui ont commenté le *Yĭh* sont si nombreux que l'on ne pourrait pas les énumérer. De nos jours on ne se sert que du commentaire de Tchîng-tsèu et de celui de Tchou-tsèu, intitulé *pèn i*, « sens primitif ».

Les Thsìn ayant fait détruire par le feu le *Chî-Kĭng* et le *Choŭ-Kĭng*; le *Yĭh-Kĭng*, considéré comme livre de la divination, ou livre des sorts, eut celui d'échapper à la destruction.

72. 有 典 謨。 有 訓 誥。
Yèou tiàn mô,   yèou hiún kào.
Hửu   diển mô,   hửu huẩn cáo.

73. 有 誓 命。 書 之 奧。
Yèou tchi ming,   Chôu tchî ngáo.
Hửu   thê mạng,   thơ   chi   áo.

72. Il y a les Lois immuables (*tiàn*), les Conseils donnés aux princes (*mô*), les Instructions (*hiún*), les Injonctions (*kào*);

73. Il y a les Prestations de serments (*tchi*), les Ordres ou Mandats impératifs (*mîng*) : tels sont les chapitres les plus profonds du « Livre des Annales. »

Com. 72-73. Le Livre des annales (*Choŭ*) a quatre parties principales, qui sont : les Livres des quatre dynasties de Yŭ (Chŭn), de Hiá, de Châng et de Tchêou[1]. Les *Tiàn* (« Lois immuables»), les *Mô* («Conseils donnés aux princes »); les *Hiún* (« Instructions»), les *Kào* («Avertissements »); les *Tchi* («Prestations de serment ») et les *Ming* («Mandats impératifs».) sont tous des noms donnés à des chapitres du Choŭ

---

[1] La dynastie de *Yŭ-Chŭn* régna de 2,255 à 2,204 avant notre ère; celle des *Hia* : de 2,205 à 1,782; celle des *Cháng* : de 1,783 à 1,133, et celle des *Tcheôu* : de 1,134 à 255 également avant la même date.

(Kìng). Le caractère *tiàn* signifie « ce qui est immuable, qui ne change pas » (*tchâng yè*). Les *tiàn* sont donc des principes, des lois immuables que l'on ne peut changer. Ce sont celles que les empereurs (*ti*) et les rois (*wâng*) édictent, lorsqu'ils reçoivent leur mandat [1] du Ciel pour régner. Tels sont dans le *Choù Kìng*, le *Yâo tiàn* et le *Chûn tiàn*. Les *Mô* sont des conseils, des plans proposés (*mêou yè*). Les premiers ministres (*tá tchîn*) voulant modifier, rectifier les idées (du souverain), lui présentent des projets, des plans d'améliorations, pour effectuer et mettre en pratique le saint gouvernement (ou gouvernement modèle des anciens princes), comme le Grand Yu le fit dans le Chapitre [2] *Yĭh tsĭh* (du Choû Kîng) qui est un *Mô*. Les *Hiŭn* («instructions») sont des espèces d'admonitions (*hôeï yè*). Les premiers ministres recommandent à leur prince de suivre le chemin de la droiture et de la justice, et de se corriger de ses défauts, sans défaillir, ainsi qu'on le voit dans le chapitre *I-hiun* [3]. Les *Káo* («injonctions») sont des ordres donnés (par le prince en audience publique). Les rois font des proclamations auxquelles on donne le nom de *ling*, «ordre», «édit». On les promulgue dans tout le royaume pour qu'ils soient répandus et constituent un document administratif obligatoire ; tels sont les (chapitres du Choû Kîng intitulés) : *Tchoûng hôeï tchî káo* [4], *Tá Káo* [5] les « grands avertissements », (de Tchîng wâng à ses ministres); *Kâng káo* [6], *Tchâo Káo, Tsiêou-Káo* [7]. Les *Tchi* (ou *Chí*) «prestations de serment, déclarations solennelles de fidélité au prince », sont des documents auxquels on doit ajouter foi (*sîn yè*). Le prince qui craint d'encourir les reproches ou les châtiments du Ciel, ordonne à ses troupes de lui prêter «serment de fidélité» (*tchi*). Les paroles prononcées à cette occision comportent récompense ou punition selon le cas. Tels

---

[1] 命 *ming*. Cœli mandatum. *Jîn sò pìn cheóu yû thiên yè*, « mandat « que l'homme reçoit du ciel ». (Dict. *I wân pi lan*).

[2] Chapitre V de la Ire partie intitulée *Yu-choù*, « Livre de *Yu* ».

[3] Chapitre IV de la IIIe partie intitulée *Châng choû*, « Livre des *Châng* ».

[4] Chapitre II de la IIIe partie.

[5] Chapitre VII du *Tcheôu-Choû*, IVe partie.

[6] Chapitre IX de la même partie.

[7] Chapitre X, *ib.* On peut consulter sur tous ces Chapitres nos *Livres sacrés de l'Orient*, traduction du *Choù-Kîng*, aux Chapitres cités.

sont les chapitres du *Choû-King* intitulés : *Kân tchí, Tâng tchí, Thäï tchí, Fëï tchí, Thsîn tchí*[1]. Les «mandats» (*míng*) sont des «ordres (*líng*). Les princes répandent leurs ordres parmi les grands fonctionnaires, comme on le voit dans les chapitres du même livre, intitulés : *Yŭe* et *Weï tse tchí míng*; *Kâng wâng kou míng*, *Wên heou tchí míng*.

Dans l'antiquité l'historien de la gauche (*tsǒ szé*) enregistrait les affaires publiques (*kí szé*); l'historien de la droite (*yéou szé*) enregistrait les paroles et les discours (*kí yân*). Les «affaires publique» sont comme celles qui sont traitées dans le *Tchûn-thsiêou* (de Confucius); les «paroles, les discours» sont comme ceux qu'on trouve dans le *Choû-King*, lesquels sont conservés dans les archives du fils du Ciel (l'empereur) où ils sont examinés, et d'où ils sont tirés (par l'historien). C'est pourquoi (le *Choû King*) est aussi nommé *Cháng-Choû*, le « Grand Livre». Khoûng-tsèu revit et corrigea les Annales des Quatre (premières) dynasties et en forma en tout cent chapitres, dont la moitié à peine a été conservée; les Thsîn étant arrivés pour détruire par le feu les Livres canoniques. Du temps de l'empereur Wên-tí des Hán (179-165 avant notre ère) un édit[3] fut rendu, qui ordonnait de rechercher les écrits qui avaient pu échapper à la destruction. Il se trouva un vieux lettré, nommé Fou-síng, âgé de 90 ans, qui dicta de vive voix le *Cháng Choû* en 58 *p'iên* ou chapitres. Du temps de *Wou-ti* (140-85 avant notre ère) Koûng-wâng, prince héréditaire de l'État de Lou, ayant fait démolir (pour les réparer) de vieux murs de la maison de Khoûng-tsèu (Confucius), on y trouva le *Cháng-Choû* que Khoûng-tsèu y avait caché. En comparant cette copie avec celle dictée de mémoire

[1] On peut voir ces chapitres dans l'ouvrage cité ci-dessus, p. 65, 69, 84, 134 et 135.

[2] *Ib.*, p. 79, 98, 123 et 133.

[3] L'édit en question fut rendu l'année 179 avant notre ère. Un autre édit avait été rendu précédemment, l'année 191, par l'empereur Hoeï-ti, lequel édit *rapportait* celui de Chi-Hoâng-ti, des Thsîn, qui ordonnait l'incendie des livres. J'ai donné la traduction de l'édit de 179, dans mes *Mémoires sur l'antiquité de l'histoire et de la civilisation chinoises*, publiés dans le *Journal asiatique* de Paris (nᵒˢ de septembre-octobre 1867, et avril-mai 1868). La traduction en question se trouve p. 21-24 du *Tirage à part*. (Voir ci-devant p. 42.)

par Fou-síng, on n'y trouva aucune différence. Le commentaire choisi (*tsĭh tchú*) de Tsaï-chin, disciple de Tchou-tsèu, sur le *Chou-King*, a suivi la copie trouvée dans le mur de la maison de Khoûng-tsèu ; c'est pourquoi on l'appelle : *Pĭh Kîng*, «le Kîng de la muraille».

74. 我 姬 公 。 作 周 禮 。

Ngò   Kî koûng,   tsŏh Tchêou li.
Ngã   ki công,   tác châu lĕ.

75. 著 六 官 。 存 治 體 。

Tchóu loŭh koùan,   thsûn tchi thì.
Trứ lục quan,   tồn tri thể.

74. Notre prince *Kî* (Tcheôu-koûng) composa le *Tcheôu-lì* (Rituel des Tcheôu).

75. Il rédigea les Statuts des Six magistratures, dans lesquelles est compris tout le corps des lois civiles et religieuses (de son temps).

Com. 74-75. Le *Tchêou-lì*[1] fut composé par Tcheôu Koùng. Le terme *Koûng* (prince feudataire de 1er rang) était son titre patronymique ; *Kî* était son nom de famille ; C'est pourquoi on le nommait *Kî Koûng* (le «prince *Kî*»). Il était le fils de Wên-wâng et le frère cadet de Woû-wâng (le 1er souverain de la dynastie des Tchêou, 1134 av. notre ère). Le *Tchêou-lì* est un livre spécialement consacré à cette dynastie de la famille des Tchêou. En établissant les magistratures, il les divisa d'après les limites de leurs attributions dans le gouvernement de l'État. Il y eut le «Ministère du Ciel[2]» dont celui qui en était chargé

---

[1] Le *Tchêou-lì* a été traduit en français, par M. Édouard Biot, et publié après sa mort, en 1851, en 2 vol. in-8°.

[2] 天 官 *Thiên koùan.*

fut nommé *Tchoung-tsaï*[1], le premier ministre du Cabinet[2]; le « Ministère de la Terre[3] », dont le titulaire était nommé «Directeur général des populations[4]»: le «Ministère du Printemps[5]» dont le titulaire était nommé le « Grand Contrôleur[6]»; le « Ministère de l'Été[7] », dont le titulaire était nommé le « Directeur des chevaux »[8]; le « Ministère de l'Automne[9] », dont le titulaire était nommé : «le Grand Juge Criminel»[10]; le « Ministère de l'Hiver[11] », dont le titulaire était nommé le « Directeur des travaux publics»[12]. C'est pourquoi on les intitula les « Six Ministères». C'était comme si l'on eut dit des chefs : les «Six grands Dignitaires »[13]. Le fils du Ciel (l'empereur) donna son assentiment (à cette organisation des Ministères par *Tcheôu Koûng*) en joignant les mains, et les élevant ensuite en haut (vers le Ciel, comme pour le remercier). Les six grands dignitaires (chefs de ces Ministères) se partagèrent l'administration de l'empire. Les réglements qui les avaient institués eurent cours pendant tout le règne des Tchêou. Les réglements administratifs furent partagés dans un ordre spécial

[1] 冢宰.

[2] Il avait, dans son ministère, soixante chefs de sections qui lui étaient subordonnés.

[3] 地官 *Ti koûan.*

[4] 司徒 *Szê thoû.*

[5] 春官 *Tchûn koûan.*

[6] 宗伯 *Tsoûng pĕh.*

[7] 夏官 *Hia koûan.*

[8] 司馬 *Szê mà.*

[9] 秋官 *Thsiêou koûan.*

[10] 司寇 *Szê khâo.* Encore aujourd'hui, en Chine, l'exécution des criminels se fait en automne, après la révision, par l'Empereur, des jugements criminels.

[11] 冬官 *Toûng koûan.*

[12] 司空 *Szê koûng.*

[13] 六鄉 *Loŭh Khîng.*

d'attributions (pour chaque fonctionnaire); et par ce moyen les affaires publiques ne manquèrent pas d'être bien gouvernées; l'administration elle-même ne manqua pas de suivre les principes de la droite raison (li), et l'empire jouit de la paix et de la tranquillité.

Les Thsîn (255-201 avant notre ère) ayant fait détruire par le feu le *Chî Kîng* et le *Choû Kîng*, ne firent pas usage du *Tchêou-li*, ou «Statuts constitutifs de la dynastie des Tchêou». A l'arrivée des Hán (202 av. notre ère) on rechercha le Livre (le *Tchêou-li*) qui commença à reparaître, mais il avait perdu le « Ministère de l'Hiver ». Les lettrés des Hán, par de nombreuses investigations concernant l'histoire des travaux publics, reconstituèrent ce «Ministère», pour suppléer celui qui s'était perdu. La dynastie des Soûug (960-1122 de notre ère) se servit de se supplément dans les examens pour la réception des Docteurs. Il n'est plus d'usage aujourd'hui.

76.	大	小	戴。	註	禮	記。
	Tá	*siào*	*Táï,*	*tchóu*	*lì*	*kí.*
	Dại	tiểu	dái,	chú	lẽ	ký.

77.	述	聖	言。	禮	樂	備。
	Choŭh	*chíng*	*yân,*	*lì*	*yŏh*	*pí.*
	Thuật	thánh	ngôn,	lẽ	nhạc	bị.

76. Le grand et le petit Taï, rédigèrent chacun un « Mémorial des Rites » (*Li Kí*).

77. Ils recueillirent et y réunirent les paroles, les dits mémorables des anciens sages; les Rites, et la Musique furent (par eux) mis en ordre.

Com. 76-77. Le *Lì-ki*, («Mémorial de Rites»), n'est pas qualifié de *Kîng* «livre canonique». Les «Cinq King» (reconnus pour tels actuellement), ont été composés personnellement par des saints hommes (*chíng jîn*). Mais, pour celui-ci, les lettrés qui se sont succédé ont compilé et commenté (*tsoùan choŭh*) les «paroles», les «dits mémorables» des premiers saints, pour rendre le livre plus complet. C'est pourquoi on le nomme *Ki*, «Mémorial», sans lui donner la qualification de *Kîng*.

Tá Taï («Taï le grand») était un lettré du temps des Hán (*Hán joŭ*), qui fut surnommé Táï teh, («Táï le sage», le «vertueux»). Siào Taï («Taï le petit») était le frère aîné du précédent, et fut surnommé Taï chíng («Taï le saint»). Taï-teh choisit tous les anciens livres qui traitaient des Rites et de la Musique, au nombre de 180 *p'iĕn*, (ou traités séparés). Il les revit, les corrigea, y fit des retranchements, et établit un texte qui forme 85 *p'iĕn*. On le nomme actuellement le *Lì Kì* de Tá Taï.

Celui de Siào Táï est préférable ; son texte a été fixé parfaitement ; il est aussi divisé en 49 *p'iĕn*.[1] Le *Tá Hiŏh*, le *Tchoŭng yoŭng* y sont compris et forment plusieurs *p'iĕn*[2]. Un lettré de l'époque des Yoŭen (Mongols 1260-1367) : Tchin Kiáo, fit un commentaire sur le *Lì Kì* intitulé : *Tsĭh choŭe*, «Commentaire choisi». Le *Lì* de Tá Táï n'est plus maintenant en usage, mais seulement celui de la rédaction de Siào Táï, qui est compris dans les «Cinq Kîng».

78. 曰 國 風。 曰 雅 頌。
    Yoŭeï koŭeh foŭng,   yoŭeï yà soŭng.
    Viĕt quốc phong,   viĕt nhã tụng.

79. 號 四 詩。 當 諷 詠。
    Háo   ssé   chî,   tâng foŭng yoŭng.
    Hiệu tứ thi,   dang phúng vịnh.

[1] Les éditions actuelles du *Lì kì*, avec le commentaire classique de Tchin-kiao, sont divisées en 10 *kiouán* et en 49 chapitres. L'édition comprise dans les 13 *Kîng*, publiée sous les Thâng, avec les anciens commentaires, comprend 63 *kiouán* et aussi 49 *p'iĕn* ou chapitres.

[2] Le *Tá hiŏh* en forme 1 et le *Tchoŭng-Yoŭng* 2. (Voir ci-devant, p. 49, note 1.)

78. Il y a les « Vents (ou Mœurs) des royaumes, » il y a les Chants d'un ordre inférieur et d'un ordre supérieur (*yà*) et les Chants solennels (*soúng*).

79. Ce sont là les dénominations des Quatre parties du « Livre des Vers[1] » qui doivent être lues et chantées.

Com. 78-79. Le corps du « Livre des vers» (*chî*) a « Quatre » parties : l'une, nommée *Kouĕh foúng* (vents, ou mœurs des Royaumes), qui comprend des pièces de vers représentant les mœurs des populations (*mîn soŭh*). Tous les princes des États feudataires (*tchoŭ-héou*) recueillaient ces chants pour les offrir en tribut au fils du Ciel (l'empereur Suzerain). Le fils du Ciel les recevait et les faisait déposer au «Ministère de la Musique» (*Yŏh kouân*), afin d'y examiner ce que, dans ces chants populaires, il y avait de bon, ou de mauvais, sous le rapport des mœurs; et savoir ce que, dans la manière dont le peuple était gouverné, il y avait à modifier.

Dans la seconde partie, nommée *Siáo yà* (« chants d'un ordre inférieur»), tous les princes feudataires (*tchoŭ-héou*), les grands dignitaires (*Khîng*), les principaux fonctionnaires (*tá foŭ*, chargés de faire au souverain des propositions d'avancement pour leurs surbordonnés), lorsqu'ils se rendaient en visite à la cour du fils du Ciel, avec

---

[1] On peut voir des détails très-intéressants sur le *Chî Kîng*, ou « Livre des vers », dans la traduction complète de la *Grande Préface* de Confucius, intitulée : *Tá Siú*, imprimée en tête de l'édition impériale du *Chî Kîng*, faisant partie de la belle Collection des « Sept Kîng » (*Kîn tíng Tsĭh Kîng*), commencée par l'ordre de l'empereur Khâng-hi, en 1715, et continuée par ses successeurs. Cette traduction de la « Grande Préface » de Confucius, suivie de la traduction de la Préface du célèbre commentateur Tchoŭ-hi, se trouve aussi en tête de la traduction (faite par celui qui écrit ces lignes, de tous les chants du *Chî Kîng*, appelés *tching*, « corrects » par Confucius), dans le second volume de la *Bibliothèque universelle*, imprimée en 1870 (p. 249-388), grand in-8° à 2 colonnes; et publiée seulement en 1872 sous le titre de *Bibliothèque orientale*. Paris, Maisonneuve et Cᵉ. La véritable date de l'impression de ces 2 volumes est celle du 1ᵉʳ semestre de 1870.

les chefs des différents États feudataires pour avoir des entrevues avec les ministres du Souverain, afin d'alléger leurs labeurs ; ce que, du reste, faisaient tous les envoyés et les hôtes du prince.

Dans la troisième partie, celle des *Tá yà* («Chants d'un ordre supérieur»), le fils du Ciel réunissait dans des festins, en qualité de convives, tous les princes feudataires (*tchoû-héou*), les grands dignitaires (*khîng*) et les lettrés de haut grade (*szé*), avec les rois des petits États et autres grands personnages qui se rendaient à la cour de leur Suzerain. Ce sont ces grandes réunions de convives qui, d'après les récits qui en étaient faits, furent célébrées dans les chants solennels que l'on a appelés *Yà*, «élégants, accomplis». Le contenu de ces chants est d'une nature grave, élevée, élégante; ils diffèrent beaucoup des *Foûng*, ou «chants populaires».

Dans la quatrième partie : celle des *Soûng* («Chants solennels»), le fils du Ciel offre divers sacrifices [1] aux Esprits, et dans le Temple des ancêtres (*miâo*). Ces chants, nommés *Soûng*, célèbrent les belles qualités, les mérites des anciens rois; les parties musicales étaient celles des anciens princes des États feudataires (*siân koûng*). Les *Soûng* de l'État de Lou, ceux de l'État de Cháng, forment un supplément. Tous ces chants réunis constituent les Quatre parties [2] du *Chî Kîng* ou «Livre des vers». Ce que doivent faire les étudiants qui l'apprennent, c'est de lire les vers en mesure, en les psalmodiant.

Après l'incendie des livres ordonnée par les Thsîn, un lettré du temps des Hán : Mao-tchang, examina, fixa et compléta le livre (des vers). Quelques uns nomment sa révision : *Mao Chî* (le Livre des vers de Mao). Tchoû-tsèu (Tchou-hî) l'a commenté. [3]

---

[1] 祀 *Szé.* Sacrificium quod spiritibus offertur. 郊 *Kiâo.* Sacrificium quod Cœlo fit. 祠 *Thszê.* Sacrificium quod fit, tempore verno, tabellæ defunctorum. (B.)

[2] Ces « Quatre parties » sont : 1° les *Kŏue foûng*; 2° les *Siào yà*; 3° les *Tá-yà*, et 4° les *Soûng.*

[3] C'est son commentaire intitulé : *Tsĭh tchoûan* qui est joint aux meilleures éditions du *Chî Kîng*, même impériales.

80. 詩 旣 亡。春 秋 作。
Chî kí wâng, tchûn thsieôu tsöh.
Thi kí vong, xuân thu tác.

81. 寓 襃 貶。別 善 惡。
Yú pâo pièn, piĕh chén ngŏh.
Ngụ bao biĕm, biĕt thiện ác.

80. Les pièces de vers (comme celle du *Chî Kîng*) ayant cessé de se produire, le *Tchûn Thsieôu* (le « Printemps et l'Automne, » de Confucius) fut composé ;

81. Il contient des éloges et des blâmes, et distingue le bon du mauvais, le bien du mal.

Com. 80-81. Meng-tsèu a dit (L. IV. ch. *Lì-lieôu*) : « Les vestiges (des « souverains) s'effacèrent (*tsĭh sĭh*) et les chants cessèrent avec eux. « Après qu'ils eurent cessé de se produire, le *Tchûn-thsieôu* fut composé. » — Les «vestiges» des rois : c'était la doctrine de Wên et de Woû (Wên-wâng et Woû-wâng). Comme par les conseils de Wên, l'énergie, la majesté de Woû,[1] la splendeur des règnes de Tching (wâng) et de Kâng (wâng) furent une époque brillante et prospère, les Tchêou appelèrent à eux les hommes supérieurs par leurs mérites et leur intelligence ; comme on le voit par les productions nombreuses en poésies du règne de Yéou (wâng),[2] dont la proportion était plus élevée que celle du règne de Sioûen-wâng (827-781) son prédécesseur.

[1] Woû-wâng était le fils de Wên-wâng et le fondateur de la dynastie des Tchêou (1,134-1,114 avant notre ère).

[2] Il y a, dans le *Chî-Kîng*, 40 chants *tá yà* sur 74, et 2 *siào yà*, appartenant au règne de Yèou-wâng (781-771 avant notre ère). C'est plus de la moitié de tous ceux du même ordre, 2e partie, qui sont conservés dans le *Chî Kîng*. (Voir le *Chî Kîng*, édition impériale, aux *Prolégomènes*.)

On peut s'en assurer en examinant les Quatre parties du *Chî-King*[1]. Ce sont là ce que l'on a nommé : les «vestiges des rois».

Dès que le siége de la dynastie des Tcheôu fut transporté à l'Orient[2], les maîtres de musique ne publièrent plus de chants notés, et les chants populaires (*foûng*) disparurent. Tous les princes vassaux ne rendirent plus de visites d'hommages au fils du Ciel, (leur Suzerain); et les chants nommés *Siào yà* cessèrent de se produire. Le fils du Ciel (le Suzerain) ne «réunit plus, dans des festins», les princes feudataires, et les chants *Tá yà* cessèrent de se produire. Tous les princes vassaux ne se présentèrent plus pour assister aux cérémonies des sacrifices impériaux, et les «chants solennels, nommés *Soûng*, cessèrent de se produire. C'est ainsi que la production des vers ou chants (comme ceux dont est composé le *Chî-King*) cessa complettement, et les « Vestiges des Souverains» (c'est-à-dire, les Chants inspirés par leur gouvernement) ne se reproduisirent plus sous celui de leurs successeurs. C'est pourquoi Khoûng-tsèu, né à l'époque de la décadence des Tchêou orientaux[3]; ayant vu leurs souverains sans autorité, détestés par les populations; leur administration méconnue; tous les princes féodaux livrés à la dissolution, prit le parti de quitter l'état de Wêï (où il résidait[4]), pour retourner dans l'État de Lou (sa patrie). C'est alors qu'il

---

[1] D'après l'autorité citée ci-dessus, il n'y a, dans le *Chî-King*, que 5 pièces de vers dans les *Foûng*, 14 dans les *Siào-yà*, et 6 dans les *Tá-yà*, appartenant au règne de Sioûen-wâng.

[2] La cour des Tchêou était située, depuis Woû-wâng (le fondateur de la dynastie), à *Kô*, où est placée aujourd'hui la ville de Sî-ngân-fou, capitale de la province du Chân-sî. Ping-wâng (770 ans avant J.-C.), transporta la cour à *Lŏ-yè*, aujourd'hui *Lŏ-yâng*, province du Hô-nân.

[3] Confucius naquit l'année *kang-sou*, du cycle de 60, du règne de Ling-wâng, 551 ans avant notre ère, et la 22ᵉ année du règne de Siâng-Koung, prince de l'État de Lou, son pays natal, aujourd'hui province de Chân-toûng.

[4] Confucius quitta l'État de Weï pour retourner dans l'État de Lou, la 36ᵉ année du règne de King-wâng (484 avant J.-C.). C'est alors que le célèbre philosophe s'occupa de mettre en ordre le *Choû-King*; qu'il recueillit les *Lì*, ou « Rites »; qu'il épura le « Recueil des poésies » (*chân chî*); qu'il rectifia le Livre sur la Musique (*tching yŏh*); qu'il composa ses « Dix ailes du *Yĭh-King* » (*tsŏh yĭh chĭh yĭh*), c'est-à-dire ses « Commentaires et Appendices » sur ce livre; et c'est trois ans après, en 481, qu'il composa son *Tchûn-Thsiêou.*

composa son *Tchùn-Thsiéou*, dans l'intention de rétablir l'influence des lois et d'une bonne administration.

Le *Tchùn-Thsiéou* portait anciennement le nom de « Chronique de Lou » (*Lou Szé ki*). Les quatres saisons de l'année étant suivies (année par année) dans la «Chronique», le nom, par allusion, de Printemps et d'Automne» (*Tchùn-Thsieòu*), lui fut donné ; partant de l'idée que le «printemps» est la renaissance de la vie, et que l' «automne» la termine. Ceux qui résident dans la demeure des princes, ceux-là ont une grande influence sur eux. La dynastie des Tchêou tomba en décadence, dès la translation de sa Cour à l'Est de l'Empire (dans le Hô-nân, midi du fleuve Jaune, l'année 770 av. J.-C.) le *Tchùn-Thsieòu* commence sa chronique à la 1ʳᵉ année du règne de Yin Koùng, prince de l'État de Lou (l'an 722 av. J.-C.), sur la fin du règne de Ping-wâng, premier roi des «Tchêou orientaux». Les princes ou Koùng, de l'État de Lou, qui leur succédèrent, furent : Hiouan, Tchouang, Min, Hî, Wen, Siouen, Tching, Siang, Tchao, Ting, et Ngaï[1]. La chasse du Lin étant arrivé, aussitôt (Confucius) brisa son pinceau (cessa d'écrire). Il fut blessé à mort, non par le temps, mais par la vue du Lin[2]. Il se lamenta de ce que la doctrine des (anciens) rois n'était plus suivie.

---

[1] La chronique de Confucius s'arrête à ce prince, qui régna jusqu'à l'année 430 avant J.-C.

[2] Pour comprendre ce passage il faut se reporter à l'histoire de l'époque en question. Le *Ki-lin*, animal fabuleux, mâle et femelle, qui ne paraît que pour annoncer les événements heureux, selon la légende, était apparu à la mère de Confucius pour lui annoncer la naissance de son fils ; il portait dans sa gueule une pierre de *Yù*, ou de jade, sur laquelle on lisait en chinois : « Un enfant « pur comme le cristal naîtra quand les Tchêou seront sur leur déclin ; il sera « roi, mais sans domaine ».

L'année 481 avant notre ère, Ngaï-koùng, chef de l'État de Lou, étant allé à la chasse, les hommes de sa suite rencontrèrent un animal extraordinaire qui fut forcé et abattu. Rapporté mort au palais, il fut jeté à la voirie hors du parc ; mais aucune bête carnassière n'osa en approcher pour le dévorer. Il resta ainsi exposé bien des jours. Confucius l'ayant appris, se transporta sur les lieux pour le voir, accompagné de plusieurs de ses disciples. Il s'écria aussitôt, en le voyant : « C'est l'animal symbole de la charité et de la saine doctrine; c'est un « *Lin* ; il s'est montré à un petit nombre... et on l'a fait mourir !.. O Ciel ! en « sera-t-il ainsi de la charité et de la saine doctrine? » — Le *Lin* vivant avait

La Chronique (le *Tchûn-Thsieôu*) rapporte les faits politiques qui se sont passés pendant 242 ans. Un mot suffit (à l'auteur) pour *louer les bonnes actions*, honorer les robes brodées à fleurs, (c'est-à-dire : les fonctionnaires publics); et un mot lui suffit pour exprimer *le blâme* ou condamner leurs mauvaises actions; pour être sévère envers les haches et les sabres (c. à d. envers les abus de la force, les révoltes à mains armées, etc).

Meng-tsèu a dit (L. III 2ᵉ partie, § 10) : «Khoûng-tsèu ayant ter-« miné son *Tchûn-Thsieôu*, les ministres rebelles et les malfaiteurs « tremblèrent». Cela signifie, que leurs bonnes actions comme leurs méfaits ayant été rendus patents, leurs vertus comme leurs vices ma-nifestes (dans la «Chronique» de Confucius), les ministres rebelles ou prévaricateurs et les malfaiteurs ne peuvent éviter les châtiments qu'ils méritent, dans le Ciel et sur la terre (*wôu sò thâo tsoüï yù Thién ti tchì kiên yè*).

82.　三　傳　者。　有　公　羊。
　　　Sân tchoùan tchè,　　*yèou koûng yâng.*
　　　Tam truyện giả,　　hữu công dzương.

83.　有　左　氏。　有　穀　粱。
　　　Yèou Tsò chí,　　*yèou Koûh liâng.*
　　　Hữu Tả thị,　　hữu Cốc lương.

annoncé sa naissance; le *Lin* abattu qu'il venait de voir lui annonçait sa mort! L'événement suivit de près et vint *briser son pinceau* (les Chinois ont toujours écrit leur langue avec des pinceaux). Confucius, le grand philosophe, mourut la 60ᵉ année du règne de Ngaï Koûng, en été, à la 4ᵉ lune (479 avant J.-C.), à l'âge de 73 ans. C'est de lui que Voltaire a dit :

　　« De la seule raison salutaire interprète,
　　« Sans éblouir le monde, éclairant les esprits,
　　« Il ne parla qu'en Sage et jamais en prophète :
　　« Cependant on le crut, et même en son pays. »

Beaucoup de souverains chinois ont voulu honorer sa mémoire, L'un de ceux de la dynastie des Mîng l'a nommé : *Le plus saint, le plus sage et le plus vertueux des instituteurs des hommes.* On peut voir une notice sur sa vie dans notre premier volume de la *Description de la Chine*, pages 120-183, avec son portrait et plusieurs autres gravures, comprenant des vues de la maison où il naquit, de son tombeau, etc. Pl. 22-37.

82. Les trois commentaires (composés sur le *Tchûn Thsieôu*) sont : celui de Koûng-yâng,

83. Celui de Tsò-chi, et celui de Koh-liâng.

Com. 82-83. Les commentaires en question sont ceux qui expliquent le sens du *Tchûn-Thsieôu*. Le premier (qui est le plus estimé) est le commentaire de Tsò-chí, nommé plus communément Tsò Khièou-mîng, un sage de l'État de Lou. Il commenta le *Tchûn-Thsieôu*, en employant la méthode qui consiste à raconter la substance des faits, année par année, à expliquer et mettre en lumière leur succession dans chaque année. Tous les faits politiques concernant les fils du Ciel (les empereurs Suzerains), les princes vassaux (*tchoû-héou*), les faits d'armes, la corruption des rites et des cérémonies; l'élévation et la décadence (des différents États); leur conservation et leur extinction; la distinction tranchée des hommes vertueux des hommes vicieux, des hommes incorruptibles des hommes dépravés, y sont nettement caractérisés; et, sans Tsò-chí, tous ces faits n'eussent pas été convenablement exposés.

Le second commentaire : celui de Koûng Yâng, fut rédigé par Koûng Yâng-kao, aussi de l'État de Lou.

Le troisième : le commentaire de Kouh Liang, fut rédigé par Kouh Liâng-tchi; c'était un lettré du temps des Hán. Chacun de ces deux derniers commentaires a des parties plus courtes ou plus longues dans lesquelles ils sont d'accord, ou diffèrent entre eux. Tous deux exposent ou discutent le sens élevé et profond du Tchûn-Thsieôu, éclaircissent les expressions subtiles ou obscures concernant la vertu et le vice.

Le *Tsò-tchouân* a été commenté par Tou-yu, de l'État de Tçin. Koûng yâng a eu pour commentateur : Hô-hièou, du temps des Hán ; Koûng-liâng a eu Fan-ning, de l'État de Tçin. Le style condensé du Tchûn-Thsieôu est profond dans les idées qu'il exprime. Les commentaires ne manquent pas de les éclaircir. C'est pourquoi ces commentaires ont été conservés ensemble. On les trouve réunis dans l'édition des *Treize King* [1]. De nos jours ceux qui veulent examiner et approfondir l'his.

---

[1] Les « Trois Commentaires » en question avec leurs commentateurs spéciaux, ci-dessus cités, sont reproduits dans la nouvelle édition des *Treize King*

toire des siècles, se décident à étudier les *trois Commentaires* (nommés dans le texte). Ceux qui préfèrent s'attacher à l'étude des institutions et des lois, se servent du commentaire de Hoû Ngân-koue, lettré du temps des Soung.

84-87. Étude des Philosophes.

84. 經 旣 明。 方 讀 子。
Kîng kì mîng, fâng toŭh tsèu.
Kinh kí minh, phương độc tử.

85. 撮 其 要。 記 其 事。
Thsŏh khî yáo, kì khî szé.
Toát kì yễu, kỷ kì shự.

84. Les *Kîng*, ou Livres canoniques, étant bien compris, alors on lira les *Tsèu*, ou philosophes.

85. On extraira, dans ses lectures, ce qu'ils renferment de plus important, et on recueillera leurs principales actions.

Com. 84-85. Les «Quatres Livres classiques» (*Szé Chôu*) et les «Six Livres canoniques» (*Loŭh Kîng*) ayant été bien « *éclaircis*», et le sens en ayant été bien compris, on ne peut se dispenser de lire et d'examiner attentivement les écrits des philosophes (*tsèu*) qui sont comme un vin généreux qui guérit les maladies de l'âme. Les étudiants ayant

que nous possédons, laquelle édition renferme, de plus, à la fin de chaque livre, les *variantes* des différents textes donnés par l'éditeur Youan-Youen. Une magnifique édition du *Tchŭn-Thsiêou* est celle de l'édition impériale des *Sept Kîng*, publiée par l'empereur Khâng-hî, en 24 *pèn* ou vol. in-4° publiés en 1721. Tous les commentaires en question, et d'autres encore, s'y trouvent placés à la suite du texte de Confucius, paragraphe par paragraphe.

bien approfondi les « Six Kìng », alors la raison naturelle[1] que chacun possède ne doit pas être négligée; les maximes des Sages ne doivent pas être ignorées. Ainsi, après avoir choisi et recueilli les paroles, les passages des écrits de tous les philosophes, il y aura du profit à en tirer pour ceux qui les auront régulièrement étudiés, qui en auront fait des extraits choisis. En persévérant dans cette méthode, les matériaux qu'ils auront recueillis ajouteront aux travaux intellectuels de leur génération. Recueillez-les et souvenez-vous de ce que vous aurez ainsi consigné dans vos extraits. Alors, ce que vous aurez bien étudié et une fois bien appris, formera pour vous un fonds de connaissance riche et régulier, et ne se dissipera pas dans l'ignorance et la dépravation.

86. 五 子 者。 有 荀 楊。
Où tsèu tchè, yèou Siûn Yâng.
Ngŭ tử giả, hửu Tuân Dzươ ng.

87. 文 中 子。 及 老 莊。
Vên-tchoung-tsèu, kǐh Lào Tchoủang.
Văn-trung-tử, cập Lão Trang.

86. Les cinq philosophes (qui doivent être étudiés) sont : Siûn, Yâng,

87. Wên-Tchoûng-tsèu, avec Lào et Tchouâng.

[1] 理 *lì*, recta ratio (Voir p. 3). Je ne puis m'empêcher de citer ici ces belles paroles de Cicéron sur la philosophie : « O vitæ Philosophia dux! O vir- « tutis indagatrix, expultrixque vitiorum! Quid non modo nos, sed omnium « vita hominum sine te esse potuisset? Tu urbes peperisti; tu dissipatos homi- « nes in societatem vitæ convocasti; tu eos inter se primo domiciliis, deinde « conjugiis, tum litterarum et vocum communione junxisti. Tu inventrix legum, « tu Magistra mórum et disciplinæ fuisti. Ad te confugimus; à te opem peti- « mus; tibi nos, ut antea magna ex parte, sic nunc penitus, totosque tradi- « mus. Est autem unus dies bene, et ex præceptis tuis actus, peccanti immor- « talitati anteponendus ». (*Tuscul.*, V, 2.)

Com. 86-87. Toutes les familles, ou écoles des philosophes, sont considérables et très-mélangées; on pourrait à peine les énumérer. En abordant leur étude on doit choisir ceux d'entre eux, qui sont les meilleurs, et les lire. Dans ce cas, il y en a *cinq*; ce sont : 1° Lào-tsèu [1], dont le nom de famille était *Li*, le petit nom *Eûlh*, le surnom Péh-yâng. Il naquit dans les premiers temps de la dynastie des Tchêou à *Pŏh yé* [2]. Du temps des Tcheôu orientaux, il fut employé sous eux en qualité d'historiographe archiviste (*tchù hía szé*). Il composa le *Tào-tĕh kîng* [3] qui comprend cinq mille mots (ou caractères).

Tchoûang, nommé Tcheôu, surnommé Hieôu, naquit (339 ans av. notre ère) à Moûng-tchîng, ville de l'État de Tsou, (aujourd'hui province de Ngan-hoeï). Etant dans le Jardin des arbres à vernis, il y composa son *Nân hoâ kîng* [4], « Livre des fleurs méridionales ».

Siun-tsèu, de son petit nom d'enfance : Khîng, était de Lan-ling, dans

---

[1] On peut voir la traduction que j'ai donnée de la vie légendaire de Lào-tsèu dans un *Mémoire sur l'origine et la propagation de la doctrine du Tào, ou de la Raison suprême fondée en Chine*, par Lào-tsèu, *traduit du chinois, etc, suivi de deux Oupanichads des Vêdas, avec le texte sanscrit et la traduction persane inédite*. Paris, 1831, in-8°. On peut consulter aussi la 1re livraison que j'ai publiée, en janvier 1837, du livre de cet ancien philosophe intitulé : *Tào tĕ kîng*, en *chinois*, en *latin* et en *français*, avec un grand nombre d'extraits des commentateurs, en *chinois*, avec la *traduction française*. Le reste de l'ouvrage que j'avais traduit dès 1832 est resté inédit, par suite de circonstances que j'ai exposées ailleurs.

[2] Lào-tsèu naquit l'année 604 avant notre ère, 53 ans avant la naissance de Confucius, et 84 ans avant la naissance de Bouddha, selon les historiens officiels de la Chine. Bouddha, selon eux, serait né la 9e année du règne de Tchoûang-wâng, correspondant à l'année 688 avant notre ère, tandis que d'autres historiens le font mourir 211 ans avant, c'est-à-dire en 477 avant J.-C., ce qui concorderait mieux avec les livres bouddhiques de Ceylan.

[3] 道 德 經。 Voir la note ci-dessus. Cet ouvrage a eu jusqu'à ce jour de nombreuses éditions différentes. J'en possède huit.

[4] Cet ouvrage de Tchoûang-tsèu forme les 2e, 3e, 4e et 5e *pèn* ou volumes du grand recueil des *Dix* anciens philosophes chinois (*Chĭh tsèu thsioûan choù*) publié en 1804. Le *Tào tĕ kîng* forme le 1er volume. Tchoûang tsèu était de l'école de Lào-tsèu.

l'État de Tsou. Il composa un ouvrage intitulé : Siun-tsèu, en deux *p'iĕn* ou livres[1].

Yâng-tsèu, de son petit nom d'enfance : Hioûng, était de la ville de Tching-tou (province de *Sze-tchouan*), et vivait sous les Hán (au commencement de notre ère). Il composa un livre très-métaphysique[2] intitulé *Făh yân* (« paroles pour servir d'exemples »).

Wên Tchoûng-tsèu, dont le nom de famille était Wâng, le petit nom Thoûng, le surnom Tchoûng-yên, naquit à Loûng-mên, sous les Souï (6ᵉ siècle de notre ère). Il composa deux ouvrages : le *Youân king* (le «Livre des Origines»), et le *Tchoûng choûe*[3], («Dissertations de Tchoûng»). Son nom posthume qualificatif est Wên Tchoûng-tsèu.

L'idée dominante de chacun de ces cinq philosophes (*Où tsèu*) est celle-ci : 1° Lào-tsèu ne tient aucun compte de la « renommée » (*poŭ king mîng*), ne fait pas montre de « vertu » (*poŭ hioŭan tĕh*); c'est le «pur repos», la «non action» qu'il place au dessus de tout. 2° Tchoûang-tsèu se plaît dans les dissertations métaphoriques avec lesquelles il joue habilement, mais qui fatiguent les générations par leur étendue. C'est dans l'éloignement de la foule, dans la séparation du vulgaire, qu'il place son but le plus élevé. 3° Siûn-tsèu discourt sur l'étude du «principe des opérations physiques et morales de l'homme » (*sîng*)[4], et sur le «mandat qui nous a été imposé en naissant par le Ciel»[5]. Il y a à prendre et à laisser, dans les écrits de Siûntsèu. 4° Yâng-tsèu s'en réfère au «Livre des transformations» (*Yĭh*) pour porter un jugement; il y a beaucoup de bonnes choses chez lui et peu de mauvaises. 5° Wên-tchoûng, dans son *Tchoûng choûet*, fait ·

---

[1] Cet ouvrage forme les 6ᵉ, 7ᵉ, 8ᵉ et 9ᵉ volumes du Recueil cité. L'auteur vivait à l'époque des guerres civiles (*chên koûe*) dans le iiiᵉ siècle avant notre ère. C'est un des plus éminents philosophes de l'École de Confucius.

[2] Il forme le 24ᵉ volume du Recueil des *Dix* anciens philosophes (*Chĭh tsèu thsioûan choû*). Yâng-tsèu était de l'École de Confucius.

[3] On n'a reproduit, dans le Recueil des *Dix philosophes*, que le *Tchoûng-choûe;* il en forme le 25ᵉ volume.

[4] 性 *sîng*, natura, principium immateriale, prout in rebus receptum; estque principium omnium actionum, tam physicarum quam moralium. (Basile.)

[5] 命 *mîng*. Fatum. Cœli mandatum. Leges providentiæ immobiles. Id quod homo petit et recepit à Cœlo. (Dict. chinois. *I-wân-pi-lân*, sub voce.)

beaucoup de cas du *Lûn-yù*, mais tout le monde n'estime pas autant ses dissertations. Son *Yoûan kîng*[1], si on le compare au *Tchûn-Thsiéou* (de Confucius), en diffère beaucoup. Il y honore les traîtres qui ont usurpé les trônes des Tçin et des Wéï du Nord ; ce n'est pas là l'intention, la doctrine du *Tchûn-Thsiéou*. Les étudiants peuvent seulement parcourir les écrits de Wên, et en prendre une idée ; mais il ne doivent pas s'embourber dans la vase de ses discours.

88-89. L'Étude des Historiens.

88. 經 子 逦 。 讀 諸 史 。
Kîng tsèu thoûng, toŭh tchoû szè.
Kinh tử thông, độc chư shử.

89. 考 世 系 。 知 終 始 。
Khào chí hí, tchî tchoûng chì.
Khảo thế hệ, tri chung thỉ.

88. Les *Kîng* ou « Livres canoniques » et les Philosophes (*tsèu*) étant bien compris, on passera à la lecture des Historiens.

89. On examinera avec attention la suite des générations, pour connaître le principe et la fin, ou la cause et les effets (des événements).

Com. 88-89. Les «*Six Kîng*», et les *Tsèu* ou philosophes ayant été «bien compris», alors les «Historiens» (*szè*) pourront être «lus». Les écrits historiques (*szè choû*) rapportent ce qui concerne l'administration et le gouvernement d'un Empire ; ce qui a fait son élévation et amené sa décadence et sa chute ; les princes qui ont été d'une vertu

---

[1] Cet ouvrage de Wên-tchoûng n'a pas été reproduit dans le « Recueil des anciens philosophes » cité ci-dessus.

éminente (*chíng*), ou cruels et tyranniques (*kouâng*); les ministres qui ont été sages (*hiên*), ou vicieux et corrompus (*khiân*). Les traditions, chroniques ou mémoires des générations qui se sont succédées, du commencement à la fin, et année par année, pourront aussi être examinés.

Le corps des Livres historiques est de deux sortes : l'histoire universelle ou générale (*thoûng szè*), et l'histoire d'un état seul ou d'un royaume (*koŭe szè*). L'histoire d'un royaume ou état rapporte les faits d'une dynastie, comme l'Histoire des Hán (*Hán Choŭ*), l'Histoire des Tçin (*Tçin Choŭ*), et autres du même genre. L'histoire universelle, ou générale, rapporte les faits anciens et modernes, ccomme le *Thoûng kiân kâng moŭh*[1], « Miroir historique universel », et autres du même genre. Dans l'histoire des états ou royaumes, les princes ont leur histoire propre (*pèn ki*); les ministres ont leur biographie personnelle (*tchoŭan*), les affaires administratives ont leur description à part, leurs tables synoptiques spéciales. Quant à l'histoire générale, les matériaux qui la composent sont seulement rangés par année. Les faits qui y sont rapportés sont tirés principalement des histoires particulières des états ou des dynasties[2].

---

[1] 通 鑑 綱 目。 On a publié sous ce nom une traduction française de l'Histoire universelle de la Chine, en 12 volumes in-4°, faite par le P. de Mailla. Paris, 1777-1783.

[2] Aucun État dans le monde ne possède des corps d'Annales aussi étendus, aussi complets que la Chine. On y a réimprimé plusieurs fois le grand corps des « Annales officielles des dynasties » intitulé *Nien eŭlh szé*, « les 22 grands corps d'histoires dynastiques », en plus de 500 *pèn* ou volumes chinois. Le *Thoûng kiân kâng moŭh*, que je possède, et qui est du genre de l' « Histoire générale », est en 56 forts volumes chinois. — Mais une autre « Histoire générale », que je possède aussi, et qui n'a pas son équivalent en Europe, est le *Lĭ tăï ki ssé niân p'iào*, ou *Les fastes universels de l'histoire chinoise*, en 100 *Kioŭan* ou livres, format in-4°, publié en 1715 par ordre du célèbre empereur Khâng-hî. Les principaux événements de l'histoire y sont classés, année par année, et lune par lune (ou mois par mois) selon l'ordre du cycle de 60, à partir du règne de Yao (2357 avant notre ère), jusqu'à l'avénement de la dynastie des Mîng (1368 de notre ère). Le 1er cycle y remonte à la 61e année du règne de Hoâng-ti, correspondant à l'an 2637 avant notre ère.

90-129. Énumération des Historiens officiels et des Dynasties. — Aperçu sommaire de l'histoire chinoise (3,468 avant notre ère, à 1,368 après la même époque).

Les Trois Hoâng.

90. 自 羲 農 。 至 黃 帝 。
Tsé Hi Noûng, tchi Hoâng - ti.
Tứ Hi Nông, chí Huình dế.

91. 號 三 皇 。 居 上 世 。
Hâo sân hoâng, kîu cháng chí.
Hiệu tam hòang, Cư thượng thế.

90. (Foŭh-)Hî, (Chîn-)Noûng et Hoâng-ti compris,

91. Sont les dénominations des Trois *Hoâng*, ou premiers grands souverains qui existèrent dans les anciens temps.

Com. 90-91. Dans les premiers temps où la terre était encore inculte, dans les commencements où tout était encore en confusion, avant l'époque même de Foŭh-hî, quoiqu'il y eut déjà des chefs, il n'est pas possible d'en parler sciemment. C'est pourquoi Sze-ma Thsien[1], en composant son *Szè ki* (« ses Mémoires historiques »), les a commencés par Foŭh-hî [2]. Tháï háo (la « grande clarté ») nommé Foŭh-hî de son nom de famille, fut le premier qui forma des caractères d'écriture. Il commença par peindre ou dessiner les huit *koŭa*, (les huit tigrammes), et fut le grand ancêtre de l'écriture qui devait être la lumière des générations à venir (*wêï wán chi wèn mîng tchî tsoŭ*). Chîn-noûng[3],

---

[1] Il vivait dans le IIe siècle avant notre ère.

[2] Le P. Gaubil, dans sa chronologie chinoise, place Foŭh-hî 3468 ans avant notre ère.

[3] Le même missionnaire, dans sa chronologie, place Chîn-noûng (le « divin laboureur »), 3218 ans avant notre ère.

surnommé Yên-tí (l' « empereur lumineux, glorieux »), fut le premier qui inventa la charrue pour labourer la terre; qui enseigna l'art de semer les cinq sortes de grains; qui institua les moyens de nourrir les populations et d'élever des animaux. Hoâng-tí[1] (l'« empereur jaune ») Yeoù-hioung, de son nom de famille, donna une forme aux vêtements; fixa les rites et les cérémonies; les caractères de l'écriture furent révisés et grandement complétés; toutes les choses furent classées et mises en ordre : ce qui fit que tous les états du monde eurent les yeux fixés sur ces changements et furent frappés de respect et d'admiration. Les siècles à venir le placeront en tête des grands hommes auxquels ils rendront un culte, et offriront des sacrifices en son honneur. Foŭh-hî, Chîn-Noûng, Hoâng-tí, sont les « Trois Hoâng », les « trois premiers grands souverains ». Le *Szè ki*, « Mémoires historiques » de Szé-ma Thsien, dans son premier livre, en a fait le « bonnet historique » (le Chef) des mille anciens empereurs et rois [2].

Les Deux Tí.

92.　唐 有 虞。　號 二 帝。
　　Thâng yeòu yŭ,　　*hào eûlh tí.*
　　Dương hữu ngu,　　hiệu nhị đế.

93.　相 揖 遜。　稱 盛 世。
　　Siâng yih sún,　　*tchîng chíng chí.*
　　Tương tiếp tồn,　　xưng thạnh thế.

92. Thàng et Yû (Yâo et Chûn) sont appelés les deux empereurs (*Tí*).

---

[1] La chronologie officielle des Chinois place le commencement du règne de ce souverain à l'année 2697 avant notre ère.

[2] Szè-ma Thsien a consacré le 1er *p'ien* ou livre de ses « Mémoires historiques » (*pèn ki*) aux Cinq souverains (*Où tí*) qui sont pour lui : 1. Hoâng-tí; 2. Tchoûan-hioh; 3. Tí-koh; 4. Tí-yào; 5. Tí-chûn. Il a omis Foŭh-hî et Chîn-Noûng, sur lesquels, à son époque, il n'avait pas de renseignements suffisants.

93. Ils se donnèrent mutuellement les plus grandes preuves de déférence; on a qualifié (leur règne de) siècle prospère.

Com. 92-93. Le fils de Hoàng-tí : Chào háo, Kîn thiên (« Ciel d'airain ») de son nom de famille, occupa le trône quatre-vingt-quatre ans. Le petit fils de Hoàng-tí : Tchoûen-hiŏh, Kao-yâng, de son nom de famille, régna soixante-dix ans[1]. Avec Yâo et Chûn, ce sont les cinq Tí, ou « Empereurs ». Quant à ce qu'ils ont fait, on parle seulement de Yâo et de Chûn. Leurs mérites et leurs vertus sont des plus éminents.

Tí Yâo, Thâo-Thâng, de son nom de famille, et de son petit nom Fang-hiun, était le plus jeune fils de Kâo-sîn (Tí koh). Son frère aîné, qui avait succédé à son père, gouvernait sans principes; les princes de l'empire le détrônèrent et placèrent Yâo sur le trône. Alors Thâng, de prince qu'il était, devint « fils du Ciel » (c'est-à-dire : Empereur, ou Souverain). Dans le commencement, il avait été investi de la principauté de Thâng; c'est pourquoi il est qualifié : de la famille Thâo-Thâng. Yâo devint un prince de grands mérites. Son humanité ressemblait à celle du Ciel, sa prudence était comme celle des Esprits. Il y avait beaucoup de majesté dans sa personne; ses pensées étaient vastes et profondes, les populations ne trouvaient pas de termes pour exprimer tous leurs sentiments en sa faveur. Il régna pendant soixante-douze ans. Il eut un fils qui ne lui ressembla pas. Il chercha un homme sage pour lui remettre l'autorité, et son choix s'arrêta sur Yû. C'est lui qui fut Tí Chûn, « l'Empereur Chûn ». Il existait un membre de la famille Yû, qui se nommait Tchoûng-hôa, c'était un descendant

---

[1] Le *Yû tîng Lì tái ki ssé niên p'iào*, « Fastes universels de l'histoire chinoise », publié en 1715, par ordre de l'empereur Khâng-hî, déjà cité, place le commencement du 1er cycle à la 61e année du règne de l'empereur Hoàng-tí, correspondant à l'année 2637 avant notre ère. La 21e année de Châo-hâo y est fixée à l'année 2577 et la 81e à l'année 2517; la 57e année du règne de Tchoûen-hioh est fixée à l'année 2457; la 37e de celui de Ti-koh, à l'année 2397. La 1re année du règne de Thâng-Yâo est fixée à l'année 2357. La 9e année de l'association de Chûn au gouvernement de Yâo est fixée à l'année 2277, et le commencement de son règne, seul, à l'année 2255.

de Hoâng-tí. Son père se nommait Ting, sa mère Ngan (la « folle »).
Il vivait en bonne harmonie avec ses père et mère et pleins de piété
filiale; il se livrait à la culture, semait des grains (*kiá*), fabriquait de
la poterie (*tháo*), allait à la pêche (*yú*), et chaque jour faisait briller
ses vertus. Le *Szé yŏh*[1] fit l'éloge de Yù à Yâo, qui lui donna en ma-
riage ses deux filles[2]. Yù (Chùn) se fut bientôt mis au courant de
toutes les affaires et fit les grands calculs qu'on lui soumit; ensuite il
consentit à occuper une situation (à la cour de Yâo). Il fut élevé successivement à occuper neuf magistratures, réunissant en lui la sagesse
des « Douze pasteurs[3] », des « Huit *yoŭan*[4] », et des « Huit *khàï*[5] ». Il
détruisit ou réduisit à l'impuissance les « Quatre Hioûng[6], (ou
« tribus » dégénérées, devenues malfaisantes). Il envoya Yù pour
exécuter et achever des travaux destinés à maîtriser la grande inondation. Il occupa le trône 61 ans, et abdiqua en faveur de Yù. Le règne de
Thâng Yù (Chùn) fut une époque de bonheur, de gloire et de prospérité. Il fut résigné et soumis, et il posséda l'empire. On peut l'appeler
un homme complet (*ching*, c'est-à-dire favorisé de tous les dons de

---

[1] 四 岳 Littéralement : Les quatre principales montagnes de la Chine,
situées aux quatre points cardinaux. Elles sont citées dans le Ier chapitre du
Choû-king (*Yâo-tiàn*). Les commentateurs ne s'accordent pas entre eux à leur
sujet; les uns pensent que c'était le nom des quatre titulaires de quatre grands
gouvernements des quatre régions cardinales de l'Empire; les autres : le nom
du titulaire de la plus haute fonction ministérielle, comme celle de « grand
chancelier ». C'est l'opinion que nous avons suivie.

[2] Voir le *Choû-King*, *Yâo-tiàn* (sub fine).

[3] 十 二 牧 *Chǐh eûlh moŭh*. Les « Douze Pasteurs ou Bergers »,
était alors le nom donné aux « gouverneurs » des Douze provinces de l'Empire, comme les « rois » sont appelés dans Homère : ποιμήν λαῶν.

[4] 八 元 *Păh yoŭan*. C'était le nom des seize principales tribus (*tsoŭh*)
qui étaient alors les plus civilisées.

[5] 八 愷 *Păh khàï*. C'était le nom que prit la famille de Kâo-sîn (l'empereur Ti-koh, qui eut *huit* fils distingués par leurs mérites, et qui furent ses
« huit joies » ou « consolations ».

[6] 四 凶 *Ssé hioûng*. Hoâng-ti, Châo-hâo, Tchoûan-hioh, Ti-koh,
laissèrent tous quatre des fils sans talents et sans vertus, qui furent dans l'Empire appelés : les « Quatre tribus malfaisantes ».

la fortune). A partir du règne de Hoâng-tí et en descendant, on a commencé à pouvoir compter les années par le cycle de 60 (*kia tse*). De Hoâng-tí jusqu'à Chùn, on compte en tout « Six générations » (de règnes), qui font quatre cent quatre-vingts ans [1].

Les Trois Wâng.

94. 夏 有 禹 。 商 有 湯 。
    Hia yeòu Yù,   Châng yeòu thâng.
    Hạ hữu Vũ,   Thương hữu thang.

95. 周 文 武 。 稱 三 王 。
    Tchêou Wên-Woù,   tchîng Sân Wâng.
    Châu Văn-Võ,   xưng Tâm Vương.

94. La dynastie des Hía possède Yù, la dynastie des Châng : Thâng ;

95. La dynastie des Tcheôu a Wên-Wôu (Wôu, fils de Wên) ; on les nomme : les trois Wâng (ou Rois).

Com. 94-95. Les règnes florissants des deux *Ti* (Yâo et Chùn) furent ceux de deux princes éminents par leur sagesse (*kiùn*), sous lesquels la droite raison (*tào*) fut portée à ses extrêmes limites (*lĭh kĭh*). Ceux qui continuèrent les vertus éminentes de leur gouvernement furent les « Trois Wâng ». De tous les princes de la famille Hía, celui qui est placé en tête est appelé Yù Wâng, Yù le roi. Yù reçut le pouvoir suprême, par transmission ; il est célèbre surtout pour avoir accompli

---

[1] D'après ce calcul du commentateur chinois, *une génération* serait comptée équivalant à 80 ans. Ce chiffre serait trop élevé pour nos temps modernes, mais les exemples de longévité dans l'antiquité peuvent le justifier. Ce sont d'ailleurs les *six règnes* de Hoâng-ti jusqu'à Chùn compris, qui forment une durée de 480 ans.

ses grands travaux (afin de maîtriser la grande inondation [1]). Ceux qui succèdèrent à la dynastie de Hía, sont les Châng. Alors paraît Thâng wâng (nommé dans l'histoire : Tchîng Thâng [2]). Il est célèbre pour avoir arrêté les cruautés de (Chêou-sin) et chassé le tyran. Ceux qui succèdent aux Châng furent les Tchêou. Alors paraissent Wên et Woû wâng. Wên le « lettré » était le père de Woû (le « guerrier »). La chaîne étant le Ciel et la trame la Terre ; c'est ce que l'on nomme *Wên*. Woû était le fils de Wên. Combattre la violence, la cruauté, pour en délivrer les populations ; c'est ce que l'on nomme *Woû*. Ce sont là les trois premiers fondateurs de dynasties qui reçurent le mandat (de gouverner les populations). C'est pourquoi on les nomme les « Trois Wâng ». *Yâo*, *Chún*, Yù, Wên et Woû, sont les Deux Tí et les Trois Wâng, que l'on dit : avoir continué le Ciel (*ki thiên*, c'est-à-dire sa manière de gouverner), en l'établissant jusqu'à ses extrêmes limites. Ce sont des exemples à imiter par les princes de tous les siècles à venir.

I. Dynastie des Hiá (2205-1782 *av. J.-C.*).

96. 夏 傳 子。 家 天 下。
Hia tchoûan tsèu,   *kiâ thiên hía.*
Hạ truyền tử,   gia thiên hạ.

97. 四 百 載。 遷 夏 社。
Ssé pĕh tsǎï,   *thsiên Hía chè.*
Tứ bá tải,   thiên Hạ xã.

[1] Ce prince, appelé constamment par les historiens chinois : *Tá Yù* (le grand Yù, ou Yù le grand) commença son règne l'an 2205 avant notre ère.

[2] Il commença son règne l'année 1783. Woû-wang commença le sien en 1134, toujours avant notre ère. La dynastie de Hia, dont Yù fut le fondateur, dura 139 ans ; celle des Châng, dont (Tchîng) Thang fut le fondateur, dura 644 ans, et celle des Tchêou dont Wên et Woû Wang furent les fondateurs, dura 874 années.

96. (Les princes) de Hiá transmirent l'hérédité à leurs descendants qui devinrent une famille impériale.

97. Après quatre cents ans de règne, le Génie de la Terre [1], qui préside à ses destinées, transféra le pouvoir des Hiá (à une autre dynastie).

Com. 96-97. Les explications précédentes ont fait connaître suffisamment les « Trois Wâng » (qui sont les chefs fondateurs des dynasties *Hiá*, *Châng* et *Tchéou*). Il s'agit maintenant d'exposer le commencement et la fin de chacune (des dynasties fondées par eux). Les « Trois *Hoâng* » et les « Cinq *Tí* » instituèrent, dans l'empire, des princes héréditaires, du titre de *koûng* [2] ; c'était pour y propager leur sage administration qu'ils les investirent de ces hautes fonctions, et dont (quelques uns, comme Chûn et Yù) reçurent la succession au trône de leur prédécesseur. On appelle cela : « administrer l'empire. De ces familles qui devinrent celles de l'empire, la famille des princes de Hía fut la première. Yù, des Hía, fut son premier roi. Son nom de famille, à lui, était Szé, son petit nom Wên-míng (« destiné, par le Ciel, à une carrière brillante »). C'était un descendant de Tchouânhioh (V. ci-dessus, p. 73, note 2). Il apaisa et maîtrisa les eaux de la grande inondation. Les capacités, les vertus les plus éminentes qu'il possédait (*chíng těh*), les travaux surhumains (*chín koûng*) qu'il accomplit, parvinrent (par la renommée), jusqu'aux populations les plus éloignées [3]. Ensuite il donna naissance à un fils doué de vertus,

[1] 社 *chè*, que l'on prononce aussi *chì*. Car. figuratif, composé des signes *esprit* et *terre*. Les dictionnaires chinois le définissent ainsi : 土 地 神 主 *thoù ti chín tchù* : le « seigneur ou maître spirituel de la terre ». Ils ajoutent que c'est lui qui fonde les royaumes et dispose des trônes : 建 國 之 神 位 *kián koûe tchî chín wéi*.

[2] 公 *koûng*. Ce titre signifie : celui qui ne s'occupe (ou ne doit s'occuper) que du bien public et non de ses affaires privées. Sous les Tcheôu, tous les princes feudataires, descendants, pour la plupart, des familles régnantes, ou qui avaient régné, au nombre de douze, portaient le titre de *Koûng*.

[3] On peut voir dans mes « *Mémoires sur l'antiquité de l'histoire et de la civilisation chinoises*, publiés dans le *Journal asiatique* en 1867 et 1868

qui fut nommé *Khì*. Héritier de la sagesse de son père (2,197 av. J.-C.) il put inspirer, par sa conduite sincère, la plus parfaite vénération. Il continua de suivre constamment les principes de gouvernement de Yù. Le jour de la mort de Yù, ce prince voulut remettre le pouvoir au ministre de son père : *Pĕh Yĭh* (qui l'avait aidé à maîtriser les eaux de la grande inondation). Les populations de l'empire ne voulurent pas se soumettre à *Yĭh* et demandèrent Khì (le fils de Yù). Ils s'écriaient : nous voulons le fils de notre bon prince. Alors Yù (qui n'était pas encore décédé) transmit lui-même l'autorité impériale à son fils, qui constitua ainsi une famille dynastique pour les générations qui suivirent. C'est pourquoi on l'a nommée : famille dynastique ou impériale.

La dynastie des Hía compte dix-sept règnes. Arriva Kie-Kouéï, qui se livrait au vin et à la débauche; qui était sans principes, cruel, tyrannisant le peuple : la dynastie périt avec lui [1]. Elle avait duré quatre cent cinquante-huit ans [2].

II. Dynastie des Châng (1783-1133).

98. 湯 伐 夏。 國 號 商。

Thâng făh Hía,   *kŏŭe háo Chăng.*

Thang phạt Hạ,   quốc hiệu Thương.

99. 六 百 載。 至 紂 亡。

Lŏŭh pĕh tsăï,   *tchi Tchéou wâng.*

Lục bá tải,   chí Trụ vong.

(p. 150-220 du tirage à part) une longue discussion sur les travaux de Yù, et sur l'ancienne inscription qui les a consacrés; inscription que j'y ai publiée en *fac-simile* réduit, avec la traduction, en regard, et de nombreux témoignages sur son authenticité contestée, témoignages tirés des historiens chinois. Cette Inscription, qui remonte à plus de 2,200 ans avant notre ère, est assurément l'une des plus anciennes du monde.

[1] On peut voir dans mon 1er vol. de la *Description de la Chine* (p. 61), quelques détails sur ce dernier prince de la dynastie des Hia.

[2] L'histoire officielle chinoise ne donne que 439 ans de durée à la dynastie des Hia. Il est à présumer que notre commentateur y a ajouté les années de l'*association* de Yù à Chûn.

98. (Tching) Thang détruisit la dynastie des Hiá, et, en possession du royaume, il nomma la sienne Châng.

99. (Cette dernière dura) six cents ans, jusqu'à Cheóu, sous le règne duquel elle périt.

Com. 98-99. Le prince qui continua les Hia, fut Châng. Le roi Thâng, de Châng[1], avait pour petit nom Lì, et pour surnom *Thiên-yĭh;* son nom de famille était Tsè-chî. Un descendant de Kâo-sin (*Tĭ kŏh*), l'adopta ensuite, et l'investit de la principauté héréditaire de Châng. Il attaqua *Kĭe* et s'empara de l'empire. Sa dignité se transmit à ses successeurs pendant vingt-huit générations (de princes) comprenant 644 années, jusqu'à *Cheóu* (*sĭn*), prince sans principes (*woû tào*) et qui perdit l'empire.

III. Dynastie des Tcheôu (1134-247).

100. 周 武 王 。 始 誅 紂 。
Tcheôu Wòu wâng,　chì tchôu Cheóu.
Châu　Võ vương,　thỉ　tru　trụ.

101. 八 百 載 。 最 長 久 。
Păh　pĕh　tsài,　tsóuï tchâng kièou.
Bát　bá　tải,　tôi trường cửu.

100. Wôu-wâng, des Tcheôu, commença par détruire Cheóu-(sin).

101. Huit cents ans furent la longue durée de sa dynastie.

Com. 100. Cheóu était le (dernier) roi des Châng et le fils de *Ti-yĭh*. On rapporte que les observations sur sa conduite déréglée ne lui man-

---

[1] Ce dernier nom était celui d'un fief dont il était investi.

quèrent pas; que les hommes sages et prudents de son entourage lui firent de nombreuses représentations, qui restèrent sans effet. Il avait une favorite d'une grande beauté, mais vile et corrompue, qu'il affectionnait beaucoup; elle se nommait : Thàn-kì. (Excité par cette femme) il fit brûler vivants, dans la cour de son palais, plusieurs de ses ministres. Il fit ouvrir le ventre de plusieurs femmes enceintes, pour voir si les enfants qu'elles portaient étaient mâles ou femelles. Il faisait couper les jambes à des hommes pour en détacher les os, et vérifier si la moëlle qu'ils renfermaient était saine ou corrompue. Il fit couper en deux le cœur de son oncle paternel Pi-kan [1]. Le prince de l'ouest, Tcheôu Woû-wâng, leva une armée qui vainquit Cheóu (-sin), et déplaça le génie tutélaire des Yin (seconde dénomination de la dynastie Chàng).

Com. 101. Wên et Woû des Tchéou fondèrent la dynastie de ce nom (1134 avant notre ère). La capitale fut à *Foúng-hào* [2]. Tchîng (hâng) et Kâng (wàng) continuèrent les générations dynastiques. (Sous leur règne, 1115-1053) tout l'empire fut tranquille. Ils eurent pour successeurs Tchao-wàng (1052-1002), Moûh-wang (1101-947), qui furent suivis de Koung (946-935), de Yi (934-910), de Hiao (909-895), de I (894-879), de Li (878-828); en tout douze générations (dix règnes seulement). Mais Li wàng, homme sans principe (*woù tào*) faillit perdre l'empire. Sous le règne de Siouan-wâng (827-782 av. notre ère), il se releva. Arrive Yeóu-wâng (781-771) qui fut de nouveau sans principes; et on le vit aller se faire tuer par les barbares de l'ouest (*sî joùng*). Son fils, Ping wàng (770-720), transféra le siége du gouvernement vers l'orient, à Loh-yè (dans le Hô-nàn, aujourd'hui Loh-yâng). C'est l'ori-

---

[1] Ce ministre, *Pi-kan*, était un homme des plus intègres. Chaque jour il avertissait Cheóu-sin de ses fautes, et l'exhortait à se corriger. Ces remontrances offusquèrent le cruel tyran. Un jour que Pi-kan, son ministre, le pressait plus vivement, ce prince lui dit en colère : « On m'a dit que le cœur des sages avait « sept ouvertures différentes; jusqu'ici je n'ai pu satisfaire ma curiosité. » Puis se tournant vers des scélérats qui ne le quittaient jamais, il leur ordonna de lui *arracher le cœur.* (V. Mailla; « Histoire générale de la Chine ». Vol. I, p. 249).

[2] Aujourd'hui Hiân-yâng-hien, province du Chen-si, département de Sin-gân-foù.

gine des Tchêou orientaux (toûng Tchêou). Il transmit sa succession à Houân (719-697), Tchouâng (696-682), Hi (681-677), Hoéï (676-652), Siâng (651-619), King (618-613), Kouâng (612-607), Ting (606-586), Kien (585-572), Lîng (571-545), Kìng (544-520), Kíng (519-476), Youân (475-469), Tchîng-tíng (468-441), Ngaï, Ssê [1], Khào (440-426), Wêï-lie (425-402), Ngân (401-376), Lih (375-369), Hièn (368-321), Chín-thsing (320-315), on arrive enfin à Nân-wâng, sous le règne duquel la dynastie des Tchêou périt avec les Tchêou orientaux. La dynastie entière a duré pendant trente-huit générations de règnes, et huit cent soixante-quatorze années. C'est cette dynastie qui *a occupé le trône le plus long-temps*.

102. 周 轍 東 。 王 綱 墜 。
Tchêou tchĕh toûng,   wâng kâng tchóuï.
Châu triệt dông,   vương cang truỵ.

103. 逞 干 戈 。 尙 遊 說 。
Tchìng kân kô,   cháng yeôu chŏueh.
Shính can qua,   thượng dzu thuyĕt.

102. Dès que les Tchêou eurent transféré le siége du gouvernement à l'Est, les institutions royales tombèrent en décadence;

103. Partout se levèrent les boucliers et les lances; on acclamait aussi partout les discoureurs ambulants.

Com. 102-103. Depuis la translation des Tchêou à l'Est, tous les princes vassaux devinrent entreprenants et audacieux. Les décrets

[1] Ces deux princes, fils de Tchîng-tíng, ne régnèrent : le 1er que trois mois, le second, que cinq mois. Ngaï fut tué par son frère cadet; Chouh, qui s'empara du pouvoir sous le nom de Ssê-wâng, après cinq mois de règne, fut tué à son tour par le plus jeune des frères qui s'empara du trône et régna sous le nom de Khào-wâng. Ngaï et Ssê n'ayant pas régné un an, n'ont pas de place dans l'histoire.

royaux n'étaient pas exécutés. Les États feudataircs augmentaient chaque jour « leurs armes offensives » en « lances » et en « boucliers ». Ils s'attaquaient mutuellement les uns les autres, pour s'agrandir. Des lettrés allaient, de côté et d'autre, débiter leurs discours extravagants pour exciter les populations à la révolte, sans s'occuper des conséquences qui pourraient en résulter.

104. 始 春 秋 。 終 戰 國 。
Chi tchûn thsieôu, tchoŭng chén koŭe.
Thỉ xuân thu, chung chiển quốc.

105. 五 霸 强 。 七 雄 出 。
Oŭ pá khiâng, thsĭh hioŭng tchoŭh.
Ngũ bá cường, thặt hùng xuất.

104. (La seconde période de la dynastie des Tchêou) commence avec le *Printemps* et l'*Automne* (de Confucius) et finit avec les États en guerre (*Chén koŭe*).

105. Les Cinq princes les plus puissants (des États feudataires) et les Sept grands chefs de guerre surgirent.

Com. 104-105. Le commencement de la translation du siége de l'empire à l'Est, par Ping-wân, est celui de l'époque qu'embrasse le *Tchûn-thsieôu*. Khoûng-tsèu rompit ensuite avec ses pinceaux[1]. Ce fut alors que les États feudataires se firent la guerre les uns aux autres[2]. Les princes vassaux (*tchoŭ-héou*) énumérés dans le *Tchûn-thsieôu* (de Confucius) qui se liguèrent entr'eux, sont : Hoûan-Koûng, de l'État de Thsi ; Wên-Koûng, de l'État de Tçin ; Siàng-Koûng, de l'État de

[1] Confucius a fait commencer son *Tchûn-thsieôu* à l'année 722 avant notre ère, et le termine à l'année 719 ; c'est ce que l'on nomme l'époque du *Tchûn-thsieôu*.

[2] Cette époque commence en 314 avant notre ère, avec le règne de *Nân wâng*, le dernier roi de la dynastie des Tchêou et finit avec lui en 256. C'est l'époque des *Chén koŭe* ou « États en guerre ».

Soùng; Meôu-Koùng, de l'État de Thsîn; Tchoûang-wâng, de l'État de Thsou, furent les « Cinq » promoteurs et les chefs de la ligue des (« Sept) hioûng ». Ils firent un contrat d'alliance, dans une assemblée des princes vassaux. On les a nommés : les Où pá, (les « Cinq principaux chefs d'une coalition » de princes vassaux). Arrivés au règne de Wêï-lie (425-402 av. J.-C.) et après, les princes vassaux s'efforcèrent de provoquer des troubles. Ils accumulèrent tous les moyens, dépouillèrent toute contrainte, jusqu'à prendre le titre de « roi ». Les petits États étaient envahis par les forts dans lesquels ils avaient mis leur confiance, et ils furent bientôt dévorés, lorsque les « Sept hioûng parurent ». Ces « Sept hioûng » étaient les chefs des États de Thsîn, de Thsou, de Thsi, de Yen, de Hân, de Tcháo et de Wêï. Chacun de ces États leva des troupes pour se défendre ou pour attaquer (ses voisins) jusqu'à ce qu'ils fussent tous dévorés (par le plus puissant, ou le plus habile : celui de Thsîn). C'est à l'époque de la coalition des « Cinq chefs d'États vassaux » (Où pá), lesquels, quoiqu'ils en eussent imposé sur leurs forces, feignirent encore des sentiments d'humanité et de justice, en témoignant du respect au souverain contre lequel ils fomentaient la révolte. Il y eut bien quelques velléités de lui porter secours, mais les efforts furent faibles, surtout lorsque les « Sept hioûng », ou « généraux en chef » se furent donnés le titre de roi (wâng). La maison des Tchêou tombait en ruine, en même temps que tombaient les petits États. La fortune des Tchêou, quoique ayant duré longtemps, aura été comme un fil qui se prolonge au loin, en laissant peu de traces et voilà tout.

IV. Dynastie des Thsîn (255-207).

106. 嬴 秦 氏 。 始 兼 併 。

Yîng Thsîn chí,   chì kiên píng.

Dzinh Tần thị,   thĭ kiêm tính.

107. 傳 二 世 。 楚 漢 爭 。

Tchoûan eûlh chí,   Thsòu Hán tsĕng.

Truyền nhị thẽ,   shở Hán tranh.

106. Yîng, de la famille de Thsîn (c.-à-d. *Thsîn-chí Hoâng-tí*), commença par réunir tous (les États) sous sa domination.

107. Il transmit, en mourant, son pouvoir à (son fils) Eulh-chí; alors les (États) de Thsou et de Hán se combattirent entre eux pour s'en emparer.

Com. 106-107. Yîng est le nom de race ou tribu des chefs feudataires de l'État de Thsîn. Après le premier de la race, qui fut *Pĕ-yi*, Yîng Fêï-tsè sortit du pays des barbares occidentaux (*sî-joûng*) pour offrir ses services à Hiào-wâng des Tchêou (909-895 av. J.-C.). Comme il aimait beaucoup les chevaux et qu'il en élevait dans les pâturages qu'il avait quittés, il fut investi de la principauté de Thsîn [1]. Jusqu'à Siâng-koûng (777-766 av. J.-C.) cet État prospéra de jour en jour. Sous *Moŭh-koûng* (659-620), il se renforce encore de plus en plus. Hoeï-wên (500-490) se fait qualifier du titre de « roi (*wâng*); cet État, comme les vers à soie (*dévorent les feuilles de mûriers*) dévore de jour en jour les autres États (*thsân chĭ liĕ koŭe* [2]). Tchâo-siâng (306-256, qui prit aussi

_____

[1] Ce fut Hiào-wâng qui, la 13ᵉ année de son règne (897 ans av. notre ère) investit Fêï-tsè, éleveur de chevaux (*Fêï-tsè tchoŭh mà*) de la dignité de « prince feudataire » (*foú yoûng*) du territoire de Thsin (à l'ouest de la Chine). Voir le *Li-taï ki ssé*, k. 6, f° 52.

[2] 蠶 食 列 國。

On a vu en Europe un exemple pareil, avec lequel le petit État feudataire de Thsîn et ses chefs successifs ont les plus étonnants rapports : c'est le Margraviat de Brandebourg, qui s'est agrandi successivement, depuis sa fondation (qui ne remonte qu'à environ trois siècles et demi, et son érection en État prussien, en 1704), comme s'agrandit l'État de Thsîn, en *dévorant* ses voisins. Le premier ministre du *Hoâng-tí* allemand s'est vanté que « lui et son maître « se conduiraient envers la France comme les *chenilles* à l'égard des arbres « qu'elles DÉVORENT *feuille par feuille*, et qu'ils DÉVORERAIENT la France *dépar* « *tement par département* jusqu'à ce qu'il n'en restât plus rien... Il faut que la « France meure, et elle mourra! » (Voir le Journal *La France*, 2 mai 1871.) Ces paroles sont bien dignes de l'homme qui a dit : « *La force prime le* « *droit* ». Paroles les plus abominables qui aient jamais été prononcées par une bouche humaine! Le premier ministre de l'empereur chinois Thsîn-chi-Hoâng-tí, Li-ssé, avait dit à son maître, arrivé au trône impérial, que sa dynastie durerait des milliers de siècles! et cette dynastie, née dans le sang de

le titre de *wâng* et commença la dynastie des Tá Thsîn, ou « grand Thsîn », en 255 avant notre ère) augmenta sa grandeur. Il dévora tous les princes féodaux (*thûn píng tchoŭ-heóu*). Nàn-wâng lui offrit ses possessions [1], et la maison des Tchêou cessa d'exister (*Nàn-wâng hián thoù, eŭlh Tchêou chĭh wâng*). Il transmit le pouvoir à Hiao-wên et Tchouang-siâng (250-248 av. J.-C. princes de Thsîn), qui détruisirent le dernier prince des Tchêou orientaux, et la puissance si fortunée de l'ancienne famille Kî (remontant à Hoâng-ti (2,697 av. notre ère), étant épuisée, passa à Eulh-chí Hoâng-tí (209 av. J.-C.) qui était fils de Tchouâng-siâng. Sa mère avait été antérieurement enceinte et avait enfanté Chi-Hoâng qui était véritablement le fils de Liu-chi (*chĭh Liu-chi tchi tsĕu* [2]. Il continua avec éclat la fortune des Thsîn dans sa personne, et la race des Yîng périt (ce fils d'un aventurier lui étant étranger). Chí Hoàng

plus d'un million d'hommes, était renversée sept ans après! et ce premier ministre, qui avait poussé son maître à ordonner l'incendie des livres et à *enterrer vivants* 460 lettrés qui ne voulaient pas reconnaître les grands bienfaits du nouvel empire, fut mis à mort par le fils du conquérant qui avait vu en lui un homme dont il avait tout à craindre. La chute prématurée de ce nouvel empire et de tous ses promoteurs fut comme un châtiment de la Providence.

La France n'est pas encore morte, comme l'espérait le grand-chancelier du nouvel empire allemand ; et ce nouvel empire, ainsi que ses promoteurs, pourraient bien la précéder dans la tombe. Tout ce qui a été fondé par l'injustice et la force contre le droit ne dure pas ; c'est la loi inexorable de l'humanité confirmée par l'histoire.

[1] Hiù-chîn, l'auteur de l'ancien Dictionnaire chinois, le *Choŭe-wên*, qui vivait dans le premier siècle de notre ère, dit, sous le caractère *Nàn*, que « les « Tchêou perdirent l'empire par Nàn-wâng » (*Tchêou chĭh Thiên-hía yŭ Nàn-wâng*). Que de princes ont perdu des empires par leurs propres fautes !.. C'est la 59ᵉ année de son règne, l'an 256 avant notre ère, que Nàn-wâng se rendit au chef de l'État de Thsîn. Après cet acte de faiblesse et d'ignominie, il s'en retourna et mourut peu de temps après.

[2] Liu Pou-weï était un grand marchand qui voyageait alors pour son commerce et qui fut reçu à la cour de l'État de Thsîn. Ssè-ma Thsien, le premier des grands historiens de la Chine, qui écrivait dans le iiᵉ siècle avant notre ère, et par conséquent peu de temps après la chute de la dynastie de Thsîn (laquelle n'avait duré que 43 ans, et qui fut éteinte l'an 204 avant notre ère), dit, dans son *Ssè-ki* (livre VI, fᵒ 1), que ce Liu Pou-weï était père de Chi Hoâng-ti, par substitution d'enfant. Plusieurs autres historiens ont soutenu le même fait.

donna de grandes fêtes afin de renforcer et d'agrandir sa puissance.
Il détruisit, comme d'un coup d'aile, six États, et acheva la conquête
de tout l'empire qu'il réunit dans sa main. Il fut un guerrier redou-
table, violent et cruel pour arriver à dominer tout l'empire. Il employa
jusqu'à l'épuisement toutes les armes qu'il put se procurer ; il fit raser
de grandes villes ; fit brûler le Chī (Kīng), le Choù (Kīng), les lois,
statuts et ordonnances des anciennes dynasties ; fit retrancher de partout les noms honorifiques posthumes (donnés aux anciens souverains), et se proclama lui-même le « premier des empereurs » (tseŭ
tchīng Chì Hoâng). Il voulait transmettre la succession de sa dynastie
à dix mille générations (jusqu'à la fin des siècles) ! Il occupa le trône
pendant trente-sept ans ; fit des excursions et des expéditions de chasse
dans les parties orientales de son empire et mourut à Châ-kiéou (dans
le Chân-toung).

Le ministre de sa maison, (l'eunuque) Tchao-kao, simula un édit de
l'empereur défunt, qui dégradait son fils héritier présomptif Fou-sou,
et instituait à sa place le plus jeune de ses fils : Hou-haï. C'est ce dernier qui prit le titre de Eulh-chí, « le second-premier (empereur des
empereurs : Eulh-chì Hoâng-ti). Il fut inhumain, cruel et tyrannique ;
voulant satisfaire toutes ses passions. Il fit couper la tête à certains
membres de sa famille et assassiner les autres par différents moyens.
Un grand soulèvement se produisit dans tout le territoire ; les familles
s'enfuirent de leurs demeures et périrent pour la plupart ; de grands
troubles éclatèrent dans tout l'empire. Un homme de l'État de Thsoù,
du nom de Tchîn-ching, leva des troupes ; mais elles n'étaient pas
assez nombreuses et elles furent défaites. Ceux qui lui succèdèrent
dans la partie occidentale de cet État furent Hiáng-liâng, et Hiáng-
jéou, qui fondèrent un second État de Thsoù, dans l'intention de
combattre les Thsîn. Lièou-p'âng (prince de P'eï : P'eï koūng) plus
tard : Káo-tsoù, fondateur de la dynastie des Hán, s'était éloigné et
retiré sur les bords de la rivière Ssé, (province actuelle du Chân-toùng)
à cause des troubles qui s'étaient produits au sein des populations. Il
se joignit au chef de l'État de Thsoù pour lever une armée (année
209 av. notre ère) ; tous deux franchirent leur frontière et anéantirent
les Thsîn. Eûlh-chí (après trois ans d'un règne orageux) fut assassiné
(dans le palais) par les affidés de l'eunuque Tchao-kao, qui le fut à son

tour par Yíng, peu de temps après. Le Sân-chĭ, 3ᵉ empereur de la dynastie de Thsîn, dont le nom de famille était Ying, monté sur un char couvert de soie blanche et conduit par des chevaux blancs (la couleur blanche, en Chine, est un signe de deuil), alla se rendre (aux vainqueurs).

Les Thsîn possédèrent l'empire pendant trois règnes et quarante-trois années [1], et la dynastie des Thsîn (qui devait durer dix mille générations!) fut éteinte. Hiáng-jeóu s'empara du pouvoir; il fut investi du titre de Kâo-tsoù, « premier ancêtre », de la dynastie des Hán. L'État qui s'était formé nouvellement sous le nom de *Choŭh* occidental, craignit le retour de l'armée de l'Est (celle des Thsîn). Il nomma trois rois : Young, Sséh et Yin, pour s'y opposer; mais les moyens employés ne réussirent pas.

Les Hán eurent la chance que (Tchang-) Hán, général en chef, resté fidèle aux Thsîn, et qui voulait établir une troisième dynastie de ce nom, livra bataille aux troupes de l'État de Thsou. Ils eurent plus de soixante-dix engagements. Il y eut, entre les deux partis, des succès et des revers. A la fin Híang réunit son armée à *Kaï-hia* (sur la frontière de l'État de Thsou), pour le vaincre et s'en emparer. Hiǎng-wǎng le battit complètement, s'empara de sa personne et lui coupa la tête. Alors s'éleva la dynastie des Hán.

V. Dynastie des Hán. Thsiên Hán (Premiers Hán).
(202 avant notre ère à 9 après.)

108. 高 祖 興 。 漢 業 建 。
Kâo tsòu híng, Hán niĕh kiĕn.
Cao tổ hưng, Hán nghiệp kiến.

109. 至 孝 平 。 王 莽 篡 。
Tchĭ Hiáo p'íng, wǎng mǎng tsoŭan.
Chí hiếu bình, vương mảng shoán.

---

[1] Le *Lĭ tăĭ kì ssé* n'attribue aux Thsîn que 40 années de règne.

108. Kâo-tsoù s'éleva ; la dynastie des Hán fut fondée.

109. Arrivé au règne de P'ìng-tí, Wâng-Màng usurpe l'empire.

Com. 108-109. Les « Mémoires historiques » (de Ssè-ma Thsien) commencent aux « Trois Hoâng », et finissent à Woû-(tí) des Hán. Pân-chí (Pân Kóu) composa le Livre des premiers Hán [1], en faisant l'histoire des douze empereurs qui régnèrent dans la capitale occidentale (*Si king* [2]). Kâo-tsoù des premiers Hán (202-195 av. J.-C.), avait pour nom de famille : Lieôu, ayant pour petit nom Pang, et pour surnom Kí. Il était natif de Péï (province actuelle de *Kiâng-soùh*). Il détruisit la dynastie des Thsîn, mit fin à l'État de Thsoù et devint ensuite possesseur de tout l'empire. Sa capitale fut Tchâng-ngàn [2]. Les souverains qui lui succédèrent directement furent Hoëï (194-188), Wên 179-157 [3]), Kìng (156-141), Woû (140-87), Tchao (86-74), Sioùen (73-49), Yoûan (48-33), Tching (32-5), Ngaï (6-1), P'ing (1-5 de notre ère), Joutseu (6-7). En tout douze générations de souverains, après lesquels vient l'usurpation du trône par Wâng-Màng. Ce Wâng-Màng était le fils aîné de l'impératrice, femme de Yoûan-wàng (48-33 av. J.-C.). Il se fit un nom par des semblants de modestie, de respect dans sa conduite privée, et arriva au poste de premier ministre. Cet oiseau de proie au dard venimeux (*tchîn*) fit mourir par le poison l'empereur P'ing ; feignit (comme premier ministre) d'établir son fils Joù-tseu, et ensuite le chassa pour se mettre à sa place. Son règne criminel et usurpé dura dix-huit ans (9-22, y compris le règne enfant de Joù-tseu, qui n'était que fictif).

Pendant que l'empire était en feu, les Hán se relevèrent, et Màng fut massacré. Il avait pu accumuler ses crimes au pouvoir pendant dix-huit ans [4].

[1] 漢 書 *Hán choù.*

[2] Aujourd'hui Sî-ngân-foù, province de Chen-si.

[3] Il y a l'interrègne de l'impératrice Liu-chi (187-178) qui n'est pas compté.

[4] La grande Histoire universelle de la Chine, le *Lih tâï kí ssé*, mentionne l'interrègne de Sîn Màng, de l'année 9 à l'année 23 de notre ère, mais en plaçant les faits qui le concernent dans une colonne inférieure, et en laissant la

Heóu Hán (Seconds Hán), ou Toúng Hán (Hán orientaux).
(De 25 à 220 de notre ère.)

110. 光 武 興 。 爲 東 漢 。
Koûang Wòu hîng,   wëi toûng Hán.
Quang Võ hưng,   vi dông Hán.

111. 四 百 年 。 終 於 獻 。
Ssé pĕh niên,   tchoûng yû Hién.
Tứ bá niên,   chưng ư hiển.

110. Kouâng-wôu ayant relevé l'empire, ce fut celui des Hán orientaux.

111. Après quatre cents ans de durée, il finit avec Hién-tí.

Com. 110-111. L'empereur Kouâng-woû des seconds Hán, nommé Siéou, de son petit nom, descendait de King-tí (5e empereur des premiers Hán), à la septième génération. Avec les populations de la campagne, au milieu desquelles il avait vécu, il leva des troupes et détruisit Wâng-Màng. Il anéantit aussi une foule de malfaiteurs qui pillaient les provinces, et releva ensuite la maison impériale de Hán, par les Hán postérieurs. Il choisit *Lŏh-yâng* (province du Hô-nân) pour en faire sa capitale. C'est ce qui les a fait appeler : les « Hán orientaux ». Ses successeurs furent (les empereurs) Ming-tí : (58-75 de notre ère), Tchàng (76-88), Ho (89-105), Chang (106), Ngan (107-125), Chun (126-144), Tchoung (145), Tchi (146), Hiouan (147-167), Ling (168-189), Hién (190-220). En tout douze générations, et le pouvoir passa aux Wëi. Les empires des Hán (premier et second) font, ensemble, une suite de vingt-quatre générations, ou règnes, comprenant 425 années.

colonne supérieure destinée à la dynastie régnante en blanc, qui reprend sa place, en haut, à dater de l'an 23, par la 1re année de règne de l'empereur *Keng-chi.*

VI. Sân koŭe (les Trois royaumes : Wéï, Choŭh, Oŭ).

112. 魏 蜀 吳 。 爭 漢 鼎 。

Wéï Chouh Oŭ,   tsêng Hán tìng.

Nguy Thục Ngô,   tranh Hán diểng.

113. 號 三 國 。 迄 兩 晉 。

Háo Sân koŭe,   kĭh liàng Tçin.

Hiệu tam quốc,   hắt lưỡng Tăn.

112. Les États de Wéï, de Chouh et de Oŭ, se querellèrent pour posséder les vases (insignes du pouvoir souverain).

113. Ils sont appelés les Trois Royaumes, et durèrent jusqu'aux deux Tçin.

1. *Royaume de Wéï* (220-265).

Com. 112-113. Après l'Histoire des deux branches des Hán, on a celle des Trois royaumes [1]. Quels sont les « Trois royaumes » ? Ce sont *Wéï, Choŭh* et *Oŭ.* Le fondateur du royaume de Wéï (dont on prononce communément le nom Goéï), avait pour nom de famille Thsào (« juge d'appel ») et pour petit nom Thsào (« prendre » « saisir »). Il était du pays de Thsiâo. C'est l'époque des troubles de Toŭng-choh (général rebelle). Le fils du Ciel (l'empereur des Hán) était dans l'ignorance des faits; Thsào se rendit à la capitale de ce souverain, sur l'autorisation qui lui en était donnée. Il prêta son concours au fils du Ciel, et donna ses ordres aux princes (soulevés). Il apaisa les troubles qui s'étaient multipliés. L'influence du pouvoir, par sa bonne administration, semblait se fortifier de jour en jour. Mais après la mort de la personne qui le maintenait ainsi, le fils ne continua pas d'occuper le

[1] 三 國 志 *Sân koŭe tchí.* Il existe un grand roman chinois du même nom, sur l'époque des Trois royaumes.

trône. (Toûng-choh) s'empara de la fortune dynastique des Hán, et posséda l'empire. Le royaume prit la dénomination de Weï (ou Goéï). Il fut transmis à Hien. Son petit-fils : Fang-mao, n'eut que le demi-sceau de son neveu, et la fortune dynastique passa aux Tçin (l'an 265 de notre ère). Cette petite dynastie des Wéï eut cinq générations de princes [1] et régna 46 ans.

2. *Royaume de Choŭh* (221-263).

Liéou-chí, premier prince de *Choŭh*, de son petit nom : Pì, après le règne de King-tí (de la dynastie des Hán), avait levé des troupes pour combattre des révoltés qui portaient en tous lieux le pillage et la dé-vastation ; lorsqu'ils furent dispersés et soumis, il fonda l'État de *Choŭh* [2]. A la chute de la dynastie des Hán, il se fit appeler Tí, « em-pereur ». Il transmit le pouvoir à son fils. Cette petite dynastie n'eut que deux générations de princes (*Tchâo-liĕ* et *Heóu-tchoù*) et dura 43 ans.

3. *Royaume de Où* (222-279).

Sùn-kiouan (fondateur de l'État de Où), eut pour père Choú, dont il était le fils aîné, et dont il avait recueilli la succession. Il prit pour

---

[1] Ces princes furent : 1. Wên-ti (220-226) ; 2. Mîng-ti (227-239) ; 3. Tchoù Fang (240-253) ; 4. Tchù-mâo (254-259) ; 5. Youân-ti (260-264). Le royaume des Weï comprenait toute la partie de la Chine située au nord du Kiâng et des monts Pé-lîng, et la capitale était Loh-yâng.

[2] Ce premier État de *Choŭh* (nommé en chinois *Hán Choŭh*, « *Hán* de *Choŭh* », qui était une troisième branche de la dynastie des Hán, avait pour capitale *Tching-tou-fou*, dans la province actuelle du *Ssé-tchouan*. Il s'en établit une autre dans celle du *Chen-si*, province limitrophe, à laquelle on donna le nom de *Hán-tchoŭng*, qui rappelait celui de la dynastie des Hán. Cet État, comme celui de Où, et celui de Weï, commencent tous trois, dans les anuales chinoises, à l'année 221 de notre ère. Le *Lĭh táï kì ssé* place, en tête de ses colonnes, les rois de Chouh, qui y sont nommés *Hán Heóu-tí*, « sou-verains postérieurs des Hán ».

frontière ou limite de ses possessions le fleuve Kiảng [1]. Il transmit sa succession à ses fils : Liang, Hieou, et à son petit-fis Káo. Sa dynastie eut quatre princes régnants (ayant pour titres : Tá-tí, Tchù-liang, Kìng-tí, Tchù-kào), dura 59 années, et s'éteignit dans celle des Tçin.

VII. *Royaume des Tçin occidentaux* (265-316).

La fortune des Trois royaumes passa, pour tous trois, aux Tçin [2]. Ssè-ma-chí de Tçin, de son petit nom Yen, en fut le fondateur. Son grand père se nommait Y, du titre de *Pèh-ssè* (« Ssè », prince de 3ᵉ rang : *Pèh*, d'où est venu le nom de Bey ou Beg); son père, Tchào, dirigea, pendant quatre générations de princes, l'administration de l'État de Wëï. Il s'empara de l'autorité suprême, et devint possesseur de l'empire. Il plaça sa capitale à Loh-yâng : c'est lui qui est nommé Woû-tí (« l'empereur guerrier », 265-290). Ses successeurs directs furent : Hoëï-tí (291-306), Hoảï-tí (307-312), son petit-fils Mín-tí (313-316). Hoảï et Mín se virent déposés et mis à mort par les premiers Tchào, et les Tçin occidentaux cessèrent d'exister. Toute cette dynastie ne compte que quatre générations de souverains et 53 ans d'existence.

Royaume des Tçin orientaux (317-419).

Le fondateur de la dynastie des Tçin orientaux avait pour nom de famille Nieôu. Il était petit-fils de Ssé-ma Y (voir ci-dessus). Koûng-wâng de Lâng-yè, dans le Chân-toùng, avait une femme qui était de la famille des princes de Hía. Il était le fils de la famille considérable des Nièoù, et avait donné naissance à un fils Joûï (« intelligent, pers-

---

[1] Il eut en possession les territoires des villes de *Yùng-tcheòu* et de *King-tcheòu*, situées, la première, dans la province actuelle de *Kiảng-nân*, « midi du Kiảng », et la seconde dans la province actuelle de *Hòu-pèh;* et en outre le territoire de *Kiao-tcheòu*, dans le *Chân-sî*, où il établit sa capitale.

[2] Cette nouvelle dynastie commence à régner l'année 265 de notre ère, et établit sa capitale à Loh-yâng, province du Hồ-nân, et fut ensuite transférée à Sî-ngan-fou, dans le Chen-sî.

picace »). Il fut investi du titre de *Tchâng-sĭh wâng* (« roi de *Tchâng-sĭh* »). Il occupait les bords du Kiâng. Lorsque les Tçin s'établirent, il perdit ses possessions. Par la suite, il se donna le titre d' « empereur (*Tĭ*) » à la « colline d'or » (*Kĭn lĭnq*, la ville de Nân-kîng ou Nankin, ainsi nommée). C'est lui qui est Yoûen-tí (le « premier empereur »), des Tçin orientaux (317-322). Il transmit sa succession à son fils Mîng-tí (323-325) ; à son petit-fils Tchîng-tí (326-342) ; à Kâng-tí (343-344) ; à son arrière petit-fils Mouh-tí (345-361) ; à Ngaï-tí (362-365) ; à Tĭ-yih (366-371) ; en y joignant le jeune fils de Youên-tí : Kiên-wên (371-372) ; son petit-fils Hiào-wôu-tí (373-396) ; à ses arrière-petits-fils Ngan-tí (397-418) ; à Koûng-tí (419-420) ; on a en tout : onze générations de princes, et 102 années de durée. Les deux branches des Tçin ci-dessus (occidentaux et orientaux) font ensemble 15 générations de princes, dont les règnes comprennent 154 années (Le *Lih tăi kì ssè* en compte 156).

VIII. Les Seize royaumes (304-438).

Pendant la durée des Tçin, avant et après, il s'était formé dix-huit États[1] plus ou moins fictifs, dans les contrées septentrionales. En les énumérant tous, on comptait : deux Tcháo, trois Thsîn, cinq Yên, cinq Liâng, Chŏuh, Wêï, Hiá, mais toutes ces dynasties furent élevées et renversées successivement. Wêï ne céda pas.

[1] Les historiens chinois n'en comptent ordinairement que *seize*, qu'ils nomment *Foŭ chĭh loŭh koŭe*, « les Seize royaumes dépendants » : 1° les premiers Tchao durèrent 7 ans ; 2° les Tchao postérieurs : 9 ans ; 3° les premiers Yên : 33 ans ; 4° les seconds Yên : 13 ans ; 5° les Yên septentrionaux : 28 ans ; 6° les Yên méridionaux : 5 ans ; 7° les premiers Thsîn : 43 ans ; 8° les Thsîn postérieurs : 34 ans ; 9° les Thsîn occidentaux : 48 ans ; 10° les Han : 43 ans ; 11° les premiers Liâng : 77 ans ; 12° les seconds Liâng : 19 ans ; 13° les Liâng orientaux : 18 ans ; 14° les Liâng septentrionaux : 39 ans ; 15° les Liâng occidentaux : 21 ans, et 16° les Hia : 25 ans. L'État de Chouh n'est pas énuméré dans le nombre des *Chĭh loŭh koŭe* ou 16 royaumes officiels. Ces 16 royaumes sont compris dans la période de 305 à 438 de notre ère, à laquelle fait suite celle des Nân et Peh Tchâo, ou « la Cour méridionale et la Cour septentrionale », qui dura de 438 à 589.

1. *Premiers Tchâo, ou Hán Tchâo* (304-329).

Lieôu Youan Chen-yu (« chef tartare ») des premiers Tchâo, était venu assister le sage empereur Hoeï-tí (des Tçin). En même temps il s'établit à Ping-yâng (dans le Chân-si), et se fit appeler « souverain » des Hán (Hán-Tí, 304). Son fils Lieôu Thsoung lui succéda (310). Celui-ci changea son nom dynastique de Hán en celui de Tchâo, et se retira à Tchâng-gân. Il prit en main les affaires de deux empereurs des Tçin. Il transmit son pouvoir à son fils Hô Youen (qui fut aussitôt tué par son frère cadet), à son neveu Yao (Lieôu) au fils de Yao (Lieôu) nommé Hî. En tout cinq règnes et 22 ans de durée. Cette courte dynastie s'é-teignit dans les seconds Tchâo.

2. *Seconds Tchâo* (319-351).

Chĭ-khĭn des seconds Tchâo (319 de J.-C.) avait été général de Youàn (Lieôu). Du temps de Youen-tí (317-322) il avait pris une grande part à la défense du royaume. Il eut pour successeur : son fils Hoûng, son frère Hou ; et le fils de Hou, qui devait continuer la dynastie sur le trône, fut remplacé successivement par Kian, Tsûn et Tchi. Il y eut sept générations de princes [1] pendant trente-trois années. La dynastie Tchâo s'éteignit dans Min (en 350, territoire de la province actuelle du *Szé-tchouân*).

3. *Thsiên Yên. Premiers Yên* (337-370).

Hoèï, de la tribu (tartare) nommée Mou-young, avait été l'un des chefs de la nation des Siân-pi. Son fils Houâng, à l'époque de Houaï-tí (des Tçin, 307-412), s'empara de *Niĕ* [2], et se donna le titre de roi (*wâng*). Le fils de Houaï qui lui succéda, du nom de Houeï, se donna

---

[1] Ces princes se succédèrent la plupart par l'assassinat de leur prédécesseur.
[2] Territoire qui appartenait à l'État de Wèï.

le titre d'empereur (*ti*, 349 de J.-C.); le fils de Hoûeï, fut Weï[1]. Ils comptent quatre générations de princes et 63 années de règnes. Cet État fut détruit par celui de Thsin (en 370 de notre ère).

4. *Héou Yên. Seconds Yên* (384-408).

Moû-young Chouaï fut le 1er chef des seconds Yên (384 de J.-C.). Il était le fils de Kián. Du temps de Hiào-Woû (des Tçin, 373-375), il se révolta contre les Thsîn (l'un des « Seize royaumes ») et se fit appeler « empereur » (*ti*). Ceux qui lui succédèrent furent Paô (396), son petit-fils Ching (398), et un frère nommé Hî (401). Quatre générations de rois ayant régné 24 ans (de 384 à 408). Cet État fut détruit par Kâo-yûn (Chef des Yên septentrionaux).

5. *Si Yên. Yên occidentaux* (385-394).

Hoûng, de la tribu (tartare *Siân-pî*) des Moû-young, fut le fondateur des Yên occidentaux. Il était le fils de Houeï (des premiers Yên) qui s'empara du territoire de Hoâ-Yîn (dans le Chên-sî). Un frère, du nom de Tc'hoûng, lui succéda. Celui-ci eut pour successeur un neveu du nom de I. Le fils de Tc'hoûng, nommé Yâo, lui succéda. Ensuite vint le fils de Hoûng, nommé Tchoûng; enfin un frère, nommé Yoûng. En tout six règnes et dix années de durée. Cet État s'éteignit dans les Yên du Nord.

6. *Nân Yên. Yên méridionaux* (397-410).

Les Yên méridionaux eurent pour fondateur *Tĕh*, de la tribu (tartare) des *Mou-khŏh*. Il était le fils puîné de Chouaï (des seconds Yên). Il s'empara du territoire de Ko-thâi (dans le Hô-nân). Il eut pour successeur son fils nommé Tchao. Cet État n'a eu que deux générations de chefs et n'a duré que 13 ans. Il fut détruit par les Tçin.

---

[1] Les chefs de l'État de Yên descendaient d'une tribu tartare de Sian-pi qui s'appelait Mou-young, de la branche orientale. Ces chefs entreprenants prenaient toujours, avant leur nom propre, celui de leur tribu : Mou-young.

7. Pĕh Yén. Yén septentrionaux (409-436).

Pâng-tchíng, chef des Yên septentrionaux, avait été ministre de Chouaï (chef des seconds Yên). Il s'empara de la ville fortifiée de Loûng (dans la province de Pĕh-tchi-li). Il eut pour successeur Hoûng (l'un des frères du fondateur des seconds Tchâo). Deux règnes qui ont eu 28 années de durée [1].

8. Thsiân Thsîn. Premiers Thsîn (351-394).

Foû-Hoûng, des premiers Thsîn, du temps de Mou-ti des Tçin, s'empara de Tchâng-gân (dans le Chên-sî), où il établit son fils (Hoûng-tsèu-kién (351). Son petit-fils, Síng, lui succéda (355); puis, à celui-ci, un frère de Kién, nommé Kiên (357); son fils Pêï (385); après lui Têng (386); le fils de Têng, nommé Thsoûng (394). Sept règnes ayant duré 46 ans. Cet état fut détruit par les seconds Thsîn.

9. Heóu Thsîn. Seconds Thsîn (384-417).

Yao Tchang, des seconds Thsîn (384), se révolta contre les (premiers) Thsîn et s'empara de Tchâng-gân. Son fils Hìng lui succéda (399). Puis son petit-fils Hoûng (415). Trois règnes et 34 ans de durée. Cet État fut renversé par les Tçin.

10. Sî Thsîn. Thsîn occidentaux (385-431).

Khĭ-foŭ Koŭe-jìn, des Thsîn occidentaux, était un général (tartare : Chên-yû) au service des Thsîn. Il s'empara de la ville fortifiée de Kìn-tchîng. Il eut pour successeur son fils Khîan koûeï (386); son petit-fils Tchí Pouân (412), et le fils de Pouân : Mou-wêï (428-431). Quatre règnes de chefs et 47 années de durée. Ce petit État fut détruit par celui de Hía.

---

[1] Le Lih tăï kì ssé (kiouán 46 et 47) nomme les chefs des Yên septentrionaux : P'âng-Poh (au lieu de P'ang-tching) qui régna de 411 à 430. Puis vient P'âng-hoûng (431-436). Mais avant ces deux règnes, il place celui de Kâo-yûn (407-408) par lequel les seconds Yên avaient été détrônés.

11. *Thsiân Liâng. Premiers Liâng* (314-376).

Tchang-koueï, des premiers Liâng, avait été ministre des Tçin. Du temps de Hoéï-tí (290-306), il s'était emparé de la ville de Ping-liâng (province de *Kan-soùh*). Il transmit son pouvoir à son fils : *Chĭh*, à son petit-fils Méou ; le fils de ce dernier : Tsun, succéda à son père Méou ; vient ensuite le fils de Tsun, nommé Tchoùng-hôa ; le fils de Tchoùng-hôa : Yâo-ling ; à Yâo-ling succéda Tso, frère de Hoâ ; à Tso succéda Hioûen-thsîng, frère de Yâo-ling ; enfin à Hioûen-thsing succéda Thiên-sie, frère de Tso. Neuf règnes et 78 ans de durée. Cet État s'éteint dans celui de Thsîn.

12. *Heóu Liâng. Seconds Liâng* (386-403).

Liu-kouâng, des seconds Liâng, était un général au service des Tçin, qui s'empara de Liâng (aujourd'hui : Liâng-tchêou-foù, dans le Kan-souh). Ses fils : Tchao, Mou et Loûng lui succédèrent. Quatre règnes ; 19 ans de durée. Cet État est détruit par les seconds Thsîn.

13. *Nàn Liâng. Liâng méridionaux* (397-414).

Tou-fa Woù-kou, des Liâng méridionaux, étant général des seconds Liâng, s'empara de la ville capitale (*Lŏh-toû*, aujourd'hui : *Lŏh-pîng*, dans le Chan-sî). Il eut pour successeur ses frères Li-lou-kou et Jo-tan. Trois règnes, et 19 ans de durée. Ce petit État fut détruit par les Thsîn occidentaux.

14. *Sî Liâng. Liâng occidentaux* (400-421).

Li Kao des Liâng occidentaux, fut ministre de *Toùan-niĕh*, (roi) des Liâng du nord. Il s'empara sur les Tçin de la ville de Tchâng. Il eut pour successeur son fils Siun. Deux règnes avec 19 années de durée.

15. *Pĕh Liâng. Liâng septentrionaux* (397-439).

Touân-nĭĕh, chef (du titre de *koung*) des seconds Liâng, s'empara de la ville de *Tchâng-yĕh* (prov. act. de Kan-souh). Il se fit appeler « roi » (*wâng*) la 5e année de son règne (401). Son ministre Tsiû-kiu Moûng-sûn le tua pour se mettre à sa place (en 401 de notre ère). Ce dernier eut, pour successeur, son fils *Mŏŭh-kien*. Deux familles ou races; trois règnes, 43 ans de durée. Détruit par les Wĕï.

16. *Tchĭng, ou Second État de Chŏŭh* (304-347).

Li-teh, du temps de Hoĕï-ti des Tçin occidentaux (290-306), s'empara de Koûang-hán (dans le Ssé-tchouan). (Après 2 ans de possession) il transmit son pouvoir, en le qualifiant de Tching-tí « empereur parfait », à son fils Hioûng (304), qui transmit lui-même sa succession à un fils de son frère, nommé Pan Khî (335). Celui-ci la transmit à son oncle Chêou (338) qui changea le nom (de Tchîng) en celui de Hán (même année). Chêou transmit sa succession à son fils Tchi (346). Six règnes, et 47 années de durée. Cet État est détruit par les Tçin.

Wĕï (tsăï Mîn). Petit État de Wĕï (350-352).

Chĭh-Hoù (de la famille d'origine tartare des seconds Tchâo), tua le fils de Hoù pour se mettre à sa place. Il régna trois ans. Un homme de l'État de Yên le fit mourir.

Petit Royaume de Hia (418-431).

Hĕh Lien-pŏh-pŏh, de la tribu (tartare) de Liéou-youăn, s'empara du territoire de Thoúng-wán [1]. Il transmit son pouvoir à ses fils :

---

[1] Sa cour était à Hia-tcheôu, dans le pays des Ortous, aujourd'hui Ning-hia, province de Kan-souh.

Tchâng et Ting. Trois règnes, et 25 ans de durée. Ce petit État fut détruit par les Thou-kou-hoen (branche des Tartares Sian-pi du Liâo-toûng).

Kâo-yûn, des Yên septentrionaux, fit mourir Mou-young·hî (des seconds Yên) pour le remplacer. Mais à la troisième année de son règne, lui-même fut mis à mort par ses sujets révoltés contre lui. Pêng-po continua la succession. Yûn avec Tsaï-min ayant été tués, la révolte ne s'arrêta pas là. Les six chefs des Yên occidentaux s'assassinèrent mutuellement (*Sî-Yên loûh tchù tseú siâng thsiâng chǎh*). Les « Trois royaumes » nommés dans le texte, n'étaient pas des royaumes complets. Pour le surplus, en ce qui concerne les « Seize royaumes », et comme appendices, voir l'*Histoire* des Tçin (*Kian Tçin choû*).

Nân pĕh tchâo. États méridionaux et septentrionaux.
IX. Nân Soúng. Soúng méridionaux (420-478).

114.　宋 齊 繼 。 梁 陳 承 。
　　　　Soúng Thsî kí,　　Liâng Tchin tchîng.
　　　　Tŏng Tĕ kĕ,　　Lươ'ng Trân thừa.

115.　爲 南 朝 。 都 金 陵 。
　　　　Wëi nân tchâo,　　tôu Kîn lîng.
　　　　Vi nam triêu,　　dô kim lăng.

114. Les royaumes de Soúng et de Thsî se succédèrent; ceux de Liâng et de Tchîn les suivirent.

115. Ce furent les cours méridionales, dont la capitale fut Kîn-lîng, la « Colline d'or » (c'est-à-dire : Nân-Kîng).

, *Com.* 114-115. Ce texte indique les historiens des « Cours méridionales ». Elles sont au nombre de quatre. La 1re est celle des Soúng. L'ancêtre de cette dynastie fut Liêou-yù. Il était originaire de la ville de P'àng (ville de Ssé-tchouân). Il s'empara des dépouilles des Tçin

(420) et transmit son trône à son jeune fils Chào-tí[1] (423) et à Wên-tí (424), qui furent suivis de Hiào-woû, fils de Wên (454) et de Feï-tí[2], fils de Woû (463), de Mîng-tí, frère de Woû (465); de Thsâng-woû, ou Tchoù-yuh (473), fils de Mîng; de Chûn-tí (477). En tout : huit règnes et 60 années de durée.

X. *Royaume de Thsî* (479-501).

Le second royaume est celui de Thsî. Le fondateur de cette dynastie fut Tao-tching, de la famille Siâo (Kâo-tí de son nom de règne). Il était originaire de Lan-ling (dans le Kiâng-nân). Il recueillit la succession du royaume des Soúng (dont il avait été premier ministre sous le dernier roi). Ses successeurs furent : son fils Woû-tí (483), deux petits-fils en bas-âge[3]; un neveu : Mîng-tí (494); Toûng-hoûan, fils de Mîng (nommé aussi : Pào-kiouan (499); Hô-tí (501). Sept générations ou règnes, et 23 ans de durée.

XI. *Royaume de Liâng* (502-556).

Le troisième royaume est celui des Liâng, dont le fondateur était de la famille Siâo. C'est Siâo-yen qui prit le titre de Woû-tí[4] (« l'empereur guerrier »). Il était de la même tribu que celle des Thsî. C'est lui qui en prit la succession. Il eut pour successeurs : ses fils Kien-wen (550); Yoûen-tí (552); King-tí, le fils de Yoûen (555). Quatre règnes, et 56 ans de durée.

---

[1] Ce prince est nommé Ying-yang par les historiens chinois.

[2] L'ordre des dates est ici interverti par le commentateur.

[3] Ils sont nommés, dans l'histoire chinoise, le premier : Tchao-nie (493), et le second Tchao-wên (494). Le premier ne régna qu'un an, et le second quelques mois. Ils ne sont pas comptés parmi les *Tí* ou empereurs.

[4] La 4e année de son règne, en 505, à la 1re lune du printemps, ce prince établit des Écoles et des Colléges dans les principautés et les villes de 1er ordre; il fonda aussi un établissement destiné à y réunir les plus habiles lettrés pour y expliquer les cinq *King*.

XII. Royaume de Tchîn (557-589).

Le quatrième royaume est celui de Tchin. Le fondateur : Woû-tí, du surnom de Pá-siân, était originaire de Tchâng-hing (ville du Tché-kiâng). Il prit la succession des Liâng. Ses successeurs furent : son fils aîné, Wen-tí (560), le fils de Wên-tí : Feï-ti (567), le frère puîné de Wen-tí : Siouen-tí (569) ; enfin Héou-tchoù (583-589), fils de Siouen-tí. En tout cinq règnes et 33 années de durée. Les quatre dynasties, énumérées ci-dessus, eurent toutes leur siége à Kin-lin (la « Colline d'or », c'est-à-dire Nân-kîng, la « capitale méridionale »). En dehors de l'histoire spéciale des *Nân-ssè*, « Histoire des royaumes méridionaux », chacun d'eux a son historien spécial. Les « Quatre dynasties sont reliées aux royaumes de Oû et des Tçin orientaux. Ils portent en outre le nom des « Six dynasties » *(loŭh tchâo).*

XIII. Premiers Wêï septentrionaux (213-265).

116. 北 元 魏。 分 東 西。
     Pĕh Yoûen Wĕï   fên toûng sî.
     Bát Nguơn Nguy, phân dông tây.

117. 宇 文 周。 與 高 齊。
     Yù wên Tchêou,   yù kâo Thsî.
     Vŭ văn châu,   dzư̆ cao tê.

116. Les premiers Wêï du Nord (d'origine tartare) se divisent en Wêï de l'Est et en Wêï de l'Ouest;

117. (Puis viennent) les Tchêou, fondés par Yù-wên, avec les Thsî, fondés par Kâo (Yûn).

Com. 116-117. Les historiens des États septentrionaux *(Pĕh-ssè)* ont divisé leur Histoire en trois Cours ou dynasties. La première est celle des Wëï. Touh-poh (descendant des anciens Tartares Toûng-hoû), s'éleva à *Sŏh-mŏ* (province de Chân-sï). Dans les commencements, à l'époque où régnait le saint (*ching*) empereur Woû-tí (de la dynastie des Tçin (265-290), il y avait Kioh-fân ; et du temps du divin (*chin*) Yoûan-tí (317-322) Lih-wêi ; ils étaient, à ces époques, des chefs de tribus, qui remplirent les fonctions de ministres dans le royaume du milieu [1].

XIV. *Wëï occidentaux* (386-556).

Arrivèrent Touh-poh et I-Liou, qui pénétrèrent dans l'intérieur de l'empire pour susciter des révoltes. C'est alors qu'ils commencèrent à posséder des portions du territoire [2]. Ils s'appelèrent eux-mêmes Táï-wâng ; « dynastie de rois ». Touh-poh transmit son pouvoir à son neveu Yo-liuh ; à Yo-liuh succéda son fils Chih-i-khien ; à celui-ci succéda son fils Kouaï. A la même époque que celle de l'avénement de Hiào Woù-tí (de la dynastie des Tçin : 373-396), Kouaï se fait nommer Wëï-tí, « empereur » des Wëï [3], et la capitale fut transférée à Pîng-yâng (dans le Chân-sï) ; c'est le souverain des Wëï que l'on nomme Táo Woù-tí (386) [4]. A Woù-tí succéda son fils Mîng Yoûen (409) ; à ce dernier, son fils Tháï Woù (424) ; à Thàï-woù, son petit-fils Kâo-tsoûng (surnommé Wên-tchîng : 452) ; à Kâo-tsoùng, son fils Hiên-

---

[1] Pendant les années 213 et 214 de notre ère, sous le règne de Hien-ti des Han postérieurs, des *Wëï* furent attachés à la cour avec le titre de *Koúng* (Ducs) et celui de ministres ou secrétaires d'État (*Chîng siáng*).

[2] Touh-poh commence à figurer, dans le *Lĭ-taï-kì-ssé*, à l'année 386 de notre ère, sous le titre de Wâng, « roi », avec le nom de règne *têng-koue*, « royaume élevé, fondé ».

[3] Jusque-là, les chefs des Wëï sont nommés, dans l'histoire chinoise : *Tchoù*, « chefs ».

[4] On lit dans le *Lĭ-taï-kì-ssè-nian-p'iao* (K. 43, fᵒ 30), à l'année correspondant à 386 de notre ère, 11ᵉ année du règne de Hiào Woû-ti des Tçin, (colonne des Wëï) : « Le nom de Hia (que les Wëï avaient pris auparavant), « est changé par Kouei en celui de Wëï wâng, « rois de Wëï ». C'est depuis « ce temps que ce royaume est nommé Wëï ». Cette année là (386 de notre ère), Kouei est nommé : Touh-poh Kouaï, 1ʳᵉ année de son règne, et en même temps Tao-woû.

wên (466); à Hién, son fils Hiáo-wen (471). C'est sous son règne que commença le changement du nom de famille de cette dynastie en celui de *Yoûen chî*. La transmission du pouvoir se fit à différents fils, avec les titres suivants : Siouen-woû (500), Hiào-ming (516), fils du précédent; Hiào-tchouang (528), petit-fils de Hiào-wen; Tsie-min (531); Hiào-woû (532) que son premier ministre Kao-hoûan fit périr, et qui fut enterré à Tchâng-gan (Sî-ngân-fou d'aujourd'hui, dans la province du Chen-sî). Ce sont là les Wëï occidentaux [1].

XV. *Wëï orientaux* (534-557).

Thsing-ti (534), Chen-kian, des Wëï orientaux, était le petit-fils de Hiao-wen (des Wëï précédents, 471-499). Kao-hoûan qui l'avait établi (après avoir empoisonné son père) transporta sa cour à Po (aujourd'hui Tchang-teh-fou, dans le Hô-nân). Les (premiers) Wëï furent alors divisés en deux. Ceux-ci durèrent douze ans (*lǐh chǐh eulh niên*) [2], et furent absorbés par les Thsi.

De Tao-tching à Koûng-tí (386-556) il y a seize chefs (*tchù*) et 170 années; et en remontant de Koûng-tí jusqu'à Chíng-woû (le « saint guerrier », ou le chef de la dynastie), il y a 330 ans et plus [3].

XVI. *Pěh Thsî. Royaume des Thsî septentrionaux* (550-577).

Hao-chì des Thsi, qui avait commencé par porter le nom de Kao-hoûan (sous les Wëï occidentaux et orientaux dont il fut le premier

---

[1] Le *Lǐ-taï-kì-ssé-niên-p'iao* ne les fait finir qu'en 556; il y ajoute Hiao-wen-ti (534); Wen-ti (535-551); Tchoù-Khin (le chef ou seigneur Khin (552); Koûng-ti (554), lequel est remplacé en 557 par Hiao-min-ti des Heou-Tcheôu, qui s'étend en 581.

[2] Les historiens chinois donnent aux Wëï orientaux une durée de 17 ans (*chǐh thsǐ niên*).

[3] Cette date nous reporterait vers 226 de notre ère. Mais le nom de Wëï, comme état ou royaume, ne figure dans l'histoire chinoise que de l'année 350. Ces Tartares *Sian-pi* étaient entrés antérieurement en Chine, sous divers prétextes et à divers titres, sous lesquels l'histoire les mentionne.

ministre, voir ci-dessus), et qui avait établi sur le trône Thsing-tí, s'était emparé, pendant son règne (534-549) de l'administration de l'État, jusqu'au jour où il lui vint un fils : Yang; et alors il se saisit du pouvoir. C'est (ce fils) qui fut Wên Siouen-ti (550). Celui-ci transmit le pouvoir à son fils Feï-tí[1] (559); puis il passa aux fils le plus âgé de Wên-siouen-tí : Hiao-tchao (561), Woù-tching (562), Hèou-tchoù (566-576), fils de Tching.

Puis Yeou-tchou, fils du précédent (577) âgé de 8 ans. Cinq générations de princes avec 28 ans de durée. Ce royaume est absorbé par les Tchêou.

XVII. (Yù-wên) Tcheôu (557-581).

Le fondateur de cet État descendait de la famille des Yù-wên des Tchêou. Son nom était Yù-wên Thaï. Il détermina, par ses instances, Hiào-Woù-tí, à aller s'établir à Tchâng-gan (Chen-sï). A la même époque, il avait, dans ses mains, tout le gouvernement du royaume[2]. Son fils, Hiao-min-ti kioh, recueillit la succession des Wêï (557). Il en changea le nom en donnant à son nouvel État la dénomination de Tchêou. Son pouvoir passa à son troisième frère (qui avait seize ans) : Hiâo-ming (557), à Hiào-woù, 4e frère de Hiào-min, qui fut nommé Woù-ti (561). Ce dernier eut pour successeurs : son fils Hiào Siouen (579), et le fils de Siouen : Hïào-thsing (581). Cinq règnes, avec une durée de 25 années. Cette dynastie est remplacée par celle des Soûï (la même année 581).

---

[1] Ce prince ne figure pas dans la liste des princes de Thsi, chez les historiens chinois. Il fut nommé roi de Thsi-nân et assassiné l'année suivante, à l'âge de 17 ans. Il y eut un interrègne en 560, sous le nom d'un régent nommé Tchù-yin.

[2] Il fut nommé, en 534 de notre ère, général en chef des troupes des Wêï occidentaux et premier ministre, la 3e année du règne de Hiào Wên-ti.

XVIII. Dynastie des Soûï (581-617). *Dernière des Nân pĕh tchâo.*
Dynasties méridionales et septentrionales simultanées.

118. 迨 至 隋。一 土 宇。

Tăï   tchí   Soûï,   yĭh   thòu   yù.
Dăi   chí   Tùy,   nhứt   thổ   vũ.

119. 不 再 傳。失 統 緒。

Poŭh thsăï tchoŭan,   chĭh thoùng sòu.
Băt   tái   truyền,   thăt   thống   tự.

118. On arrive ainsi aux Sôuï, qui rétablissent l'unité de l'Empire ;

119. Ils ne le transmettent pas à d'autres, mais ils en perdent l'hérédité.

Com. 118-119. Le quatrième (des nouveaux États) est celui qui fut fondé par Yâng-chi (de la famille Yâng) des Soûï. Il est appelé Kâo-tsoù-yang-kien [1] (« Yàng, le fondateur, premier ancêtre »). Il avait servi, comme premier ministre, les (seconds) Tchêou, et s'était emparé de leur dynastie. Il donna à ce royaume le nom de Soûï. Au midi, il subjugua le royaume de Tchin, et rétablit ainsi l'unité de l'empire. Il transmit son pouvoir à son fils Yĭh-tí (605). Le désordre dans l'administration et la débauche devinrent sans mesure. Il se produisit de grands troubles dans l'empire. Il n'y eut plus de nouvelle transmission directe du pouvoir. Li-chì [2] établit sur le trône Koùng-tí (618). Les Soûï cessent d'exister (en 619). Ils eurent trois règnes et une durée de 37 ans. Pour ce qui concerne les détails des dynasties énumérées ci-dessus, on a les « Histoires du nord » (*Pĕh-Ssè*). Les Wĕï, les Thsî, les Tcheôu et les Soûï, ont chacun leur histoire particulière.

[1] Il est appelé par les historiens chinois : *Soûï Kâo-tsoù, Wên hoâng-tí*, « l'empereur Wên, ancêtre fondateur de la dynastie des Soûï ».

[2] Ce Li, appelé aussi Youen, fut nommé, l'année 615, gouverneur du Hô-toùng, dans le Chân-sî. Il réunissait dans sa personne les plus grands pouvoirs.

XIX. Dynastie des Thâng (618-906).

120. 唐 高 祖 。 起 義 師 。

     Thâng Kâo tsòu,   kì   i   szê.

     Dàng cao tỏ,   khỉ nghì shư.

121. 除 隋 亂 。 創 國 基 。

     Tchôu Soûï loûan, tchoûang koûe kî.

     Trư Tùy loạn,   sháng quốc cơ.

120. Kao-tsòu, fondateur de la dynastie des Thâng, leva des troupes qui devaient faire respecter le droit et la justice.

121. Il fit cesser les troubles, les désordres des Soûï, et jeta les fondements de sa dynastie.

Com. 120-121. La dynastie qui continua celle des Soûï est celle des Thâng. C'est consigné dans l'histoire des Thâng. Le fondateur de cette dynastie : Kâo-tsoù, se nommait Li-chì, de son nom de famille, et avait pour petit nom : Youen[1]. Il était originaire de Loùng-sî (province de Kan-souh). Ayant pris du service chez les Sôuï, il fut nommé défenseur (*chèou*) de la ville de Taï-youen (dans le Chan-sî) et de son territoire, il se montra, dans cette situation, grave, prévoyant et simple (*wêï wáng soú*). L'empereur des Soûï (Koûng-tì, 617) conçut des craintes à son sujet. Il fit une excursion à l'est de ses États et n'en revint pas. Il se produisit alors de grands troubles dans les passages défensifs (*koûan tchoûng tà loûan*). (Koûng-tì) ordonna à Kao-tsoù (qui n'était encore alors que son général en chef) de réprimer les soulèvements. Kâo-tsoù fut saisi de crainte, à cause de son fils sur lequel il avait formé de grands projets. L'idée lui vint de lever des troupes, dont il serait le chef, et d'entrer dans les passages qu'occupaient les rebelles.

[1] En 400 de notre ère, un de ses ancêtres, de la dynastie des Liâng occidentaux, était appelé Li-youen-kao, du titre de *Koûng*, ou Duc, des Liâng.

Il établit souverain (des Soûï) le petit-fils de Yĭh-ti, qui fut appelé Koûng-tí. Il donna en son nom des ordres à tout l'empire. Rien ne l'empêcha, par suite, d'établir les fondements de sa dynastie, et de se faire transmettre la succession des Soûï.

122.　二 十 傳。　三 百 載。

Eŭlh chĭhtchoŭan,　sân pĕh tsăï.

Nhị thập truyền,　tam bá tải.

123.　梁 滅 之。　國 乃 改。

Liâng mĭh tchî,　koŭe năi kăi.

Lương dziệt chi,　quốc nãi cải.

122. Après vingt transmissions de règnes successifs qui durèrent trois cents ans,

123. La dynastie des Liâng les éteignit (les Thâng), et le royaume alors changea de nom.

Com. 122-123. Les Thâng possédèrent tout l'empire; ce fut Kâo-tsoù qui en posa les premiers fondements. Tout ce qui s'en suivit fut dû à son fils Tháï-thsoùng (627) qui soumit et pacifia les rebelles qui causaient tant de calamités [1]. Il dégrada de leurs rangs et de leurs fonctions tous ceux qui avaient commis des actes frauduleux dans leurs

---

[1] C'est sous le règne de cet empereur, l'année 635, que des missionnaires nestoriens arrivèrent en Chine, ainsi que le constate l'*Inscription syro-chinoise*, que j'ai publiée en *chinois*, en *latin* et en *français*, avec la traduction en français de plusieurs commentaires chinois. Paris, 1858. Il est dit dans cette Inscription : « L'empereur lettré et guerrier, Thaï-tsoûng, a surpassé tous « les souverains ses prédécesseurs, dans la droite voie. Saisissant habilement « les circonstances, il fit cesser les troubles... Quand la religion resplendis- « sante (*mîng mîng kîng kiáo*, la religion chrétienne nestorienne), vint régé- « nérer, par sa parole, notre empire des Thâng, cet empereur fit traduire les « livres canoniques de cette religion et construire des églises. Il fut, pour les « vivants et les morts, comme un navire de salut, etc. »

fonctions usurpées. Thaï-tsoûng eut pour successeur son fils Kâo-
tsoûng (650), et celui-ci, son fils Tchoûng-tsoûng (684). C'est alors que
sa mère, Woû, de son nom de famille, chasse son fils, le répudie,
s'empare du gouvernement qu'elle conserve pendant vingt ans[1].

L'un des frères puînés de Tchoûng lui succède (sous le nom de Jouï-
tsoûng (710). A Jouï succède son fils Mîng-hoâng (en 713). Tchoûng-
yang devint une concubine du prince et le royaume fut rempli de
troubles. Ngan-louh-chan se révolta et s'empara de la capitale (Tchâng-
gân, en 756). L'empereur (Hioùen-tsoûng) se réfugia dans le pays des
Chou occidentaux. L'empire alors faillit périr. Le fils de Mîng (Hiouan-
tsoûng) Souh-tsoûng, lui succéda (756); puis, à ce dernier, son fils
Táï-tsoûng (763); à Táï-tsoûng, son fils Těh-Tsoûng (780); à Těh, son
fils Chun-tsoûng (805); à Chun, son fils Hien-tsoûng (806); à Hien, son
fils Moŭh-tsoûng (821); à Moŭh, ses fils King-tsoûng (825), Wen-
tsoûng (827), Wou-tsoûng (841); un jeune frère de Moŭh : Siouen-
tsoûng (847); à Siouen, son fils Y-tsoûng (860); à Y, son fils Hi-tsoûng
(874); puis Tchao-tsoûng (889); à Tchao, son fils Tchao-siouen (905).
En tout, par transmission de règnes : 20, qui font une série de 289 ans;
et cette dynastie s'éteint (en 907) dans celle des (seconds) Liâng. La
fortune du royaume des Thâng passe, par un simple changement de
nom, à former celui des Liâng.

XX. Les Cinq petites dynasties (907-954).

124. 梁 唐 晉。 及 漢 周。
Liâng Thâng Tçin,   kĭh   Hán Tcheôu.
Lương Dàng Tăn,   cập   Hăn Châu.

125. 稱 五 代。 皆 有 由。
Tchĭng Où táï,   kiãï yeòu yeôu.
Xưng Ngŭ dại,   giai hữu dzo.

---

[1] Ces années ne sont pas inscrites sous son nom dans les annales chinoises,
mais sous celui de Tchoûng-tsoûng, avec mention du gouvernement de la
mère.

124. (Les États des seconds) Liâng, Thâng, Tçin, avec Hán et Tchêou,

125. Sont appelés : les Cinq (petites) dynasties, qui, toutes, eurent une origine propre.

Com. 124-125. Les dynasties qui continuèrent et remplacèrent celle des Thâng, furent : les (seconds) Liâng, les (seconds) Thâng, les (seconds) Tçin, les (seconds) Hán, et les (seconds) Tcheôu. Ce sont là les « Cinq dynasties », (*où tăï*). La Chambre des historiens (*szè koûan*) rédigea l'histoire des « Cinq dynasties ». Dans leur réunion l'histoire de chacune d'elles ne forme qu'un seul ouvrage.

1. *Heóu Liâng. Seconds Liâng* (907-922).

La 1re est celle des Liâng. Son fondateur Tchou-wen, avait commencé par être voleur de grand chemin (*thsĭh*) et ensuite général d'armée (*tsiáng*). Sur le déclin des Thâng, il fut chargé de réprimer des révoltes. Ensuite, il se révolta lui-même contre les Thâng. La cour fut transférée à Pin [1], ce fut un fils de cet homme, d'une ambition démesurée, débauché, sans principes, Yeòu-koûeï qui le fit assassiner (912) pour se mettre à sa place [2]. L'année suivante (913), un autre des fils (de Tchou-wen) tue lui-même Yeòu-koûei pour le remplacer sur le trône.

Il conserve le pouvoir, sous le nom de Mou-tí, jusqu'en 923. En tout deux règnes, ayant 17 ans de durée. Cette dynastie est détruite par les « seconds Thâng ».

2. *Heóu Thâng. Seconds Thâng* (924-936).

La seconde dynastie est celle des « Seconds Thâng ». Tchoûang-tsoûng (923, qui en fut le fondateur) se nommait antérieurement Li-

---

[1] Pin-liâng, ville qui fut nommée plus tard *Kaï-foung-fou*, dans le Hô-nân.

[2] Ce père était Tchou-wen, dont il est question ci-dessus et qui, en 907, avait pris le titre de Taï-tsoù, premier ancêtre de la dynastie des Héou-Liâng, ou « Seconds Liâng ».

Tsùn-tsóuï; le nom primitif de sa famille était Tchou-yé; il était originaire de Châ-thô [1]. A une époque antérieure, ayant rendu de grands
services aux Thâng, il reçut de telles faveurs que la famille Li fut
investie de la royauté de Tçin. Tchou s'étant révolté contre les Thâng,
de concert en même temps avec les Tçin, il anéantit la dynastie des
« seconds Liâng », et prit possession de leur territoire. (Tchoûang-
tsoûng) aimait beaucoup à voyager pour son plaisir, à faire jouer des
comédies en sa présence; c'est ce qui lui fit perdre le royaume [2]. Un
frère adoptif : Sse-youen, lui succéda sur le trône; c'est celui qui est
appelé Mîng-tsoûng [3] (926). Il transmit le pouvoir à son fils Min-ti
(934). Le fils de Yâng-tsè-wâng, du nom de Thsoûng-kó, s'empara du
pouvoir, par la force, la même année (et gouverna pendant deux ans,
sous le nom de Lou-wâng). En tout quatre règnes, et 15 ans de durée.
Cette petite dynastie est détruite par les (seconds) Tçin.

3. *Heóu Tçin. Seconds Tçin* (937-946).

La troisième dynastie est celle des « Seconds Tçin ». Kâo-tsou (son
fondateur), qui s'appelait avant : *Chĭh-king Tang*, était gendre de
Mîng-tsoûng (de la dynastie précédente). Il se fait aider par des troupes
des Liao, et détruit les (seconds) Thâng. Il transmet le pouvoir à son
fils Thsi-wâng (943). Ce sont les Liâo (qu'il avait appelés pour l'aider
à renverser les « seconds Thang ») qui le renversèrent lui-même. En
tout : deux règnes et 10 ans de durée.

[1] Lieu de la Tartarie où existait une horde de ce nom. Sous les Thâng, au
service desquels il se mit, il donna à sa famille le nom de *Li*. En remplaçant les
« Seconds Liâng », il prit le titre de Tchoûang-tsoûng (en 923).

[2] Il fut tué à Loh-yâng (qui était la capitale et où il s'était réfugié), par une
flèche que lui décocha un de ses comédiens, qu'il avait nommé auparavant
commandant d'un corps de troupes.

[3] Les historiens chinois rapportent que, sous le règne de ce prince, l'année
du cycle *jin-tchin*, correspondant à 932 de notre ère, à la 2ᵉ lune, « on com-
« mença la gravure des neuf Kîng sur des planchettes en bois, pour servir à
« leur impression » (*thsoû khĕh kieòu Kîng pàn yìn*). Ce fait, que j'ai déjà
signalé, dans mes *Mémoires sur l'antiquité de la civilisation chinoise* déjà
cités, est important pour l'histoire de l'imprimerie.

4. Heóu Hán. Les Seconds Hán (946-950).

La quatrième dynastie est celle des « Seconds Hán ». Kâo-tsou (son fondateur), qui s'appelait Lieou Tchi-youen, accompagna les Liao, dans leurs attaques contre les Tçin. Il transmit son pouvoir à son fils Yn-ti (948). Celui-ci fut assassiné par ses premiers conseillers (*tá tchîn*). Les troupes changèrent, et la dynastie périt. Deux règnes ayant duré quatre années.

5. Heóu Tcheóu. Seconds Tcheóu (951-960).

La cinquième dynastie est celle des « Seconds Tcheóu ». Táï-tsou (son fondateur), qui se nommait auparavant Kouo-wêï, occupa des fonctions publiques chez les (Heóu) Hán, pour protéger avec des troupes le territoire de Nieh (dans le Hô-nân). Les troupes (qu'il commandait) s'étant tournées en sa faveur pour déposer les Hán, il attaqua ceux-ci et s'empara de leur territoire. Il transmit son pouvoir à Chí-tsoûng (954) qui était son fils adoptif et se nommait Tchaï-young. Ce fut un prince de mœurs et d'habitudes graves, qui pacifia le nord et le midi, et transmit son pouvoir à son fils Koung-tí (960). Sa fortune passa aux Soúng. En tout trois princes et dix années de durée.

Les cinq dynasties qui précèdent ont eu, ensemble, treize chefs, pour une durée de cinquante-trois ans.

Fóu chĭh koŭe. Les Dix États dépendants ou annexes (907-979).

Les Dix petits États dépendants (*foú chĭh koŭe*) ont aussi leurs chroniques. Pendant trois générations des « Cinq dynasties » ces petits États se formèrent, en s'emparant d'une portion du territoire. 1° L'État de Où eut pour fondateur le roi Yang Hing-mi (907-937); 2° les Thâng méridionaux eurent pour fondateur Li Ching (937-971); 3° les rois de Chouh, Kien (907-925); 4° les seconds Chouh, Meng Tchi-tsiang (933-965; le chef, cette dernière année, se rend aux Soúng); 5° les Min eurent pour fondateur le roi Chin-tchi (928-944, c'était le roi des seconds Thâng qui l'avait investi de cette principauté); 6° les Thsoù, (eurent pour fondateur) Ma yin (908-951; cet État passe aux Hán méridionaux); 7° les Oû-youĕh; Tsien Liéou (907-978); 8° les Hán méridionaux (eurent pour fondateur) Lieou-yin (918-971); 9° les Hán septentrionaux : Lieou Tsoûng (951-979); 10° les Hing-nân : Kao, Li-hing (907-949). En tout 10 États[1] ou royaumes usurpés jusqu'aux Soúng, qui les absorbèrent tous, en se constituant (en 960). Il n'y eut que les Khi-tan[2] qui continuèrent à règner en même temps que les Soúng.

XXI. Dynastie des Soúng (960-1278).
1. *Les Pĕh Soúng, ou Soúng du nord* (960-1127).

126.　炎　宋　興。　愛　周　禪。
　　　Yên Soúng hĭng,　cheóu Tcheóu chén.
　　　Viêm Tống hưng,　thọ Châu thiện.

127.　十　八　傳。　南　北　混。
　　　Chĭh păh tchoŭan,　nân pĕh hoén.
　　　Thập bát truyền,　nam bắc hỗn.

126. La dynastie des Soúng, qui s'éleva par la vertu du feu, recueillit la succession des Tcheôu.

127. Mais après dix-huit générations de règnes, les deux divisions Nord et Sud tombèrent dans l'anarchie et furent éteintes.

---

[1] Ces *Dix petits États* étaient situés dans les provinces méridionales de la Chine, qui sont aujourd'hui celles du *Yŭn-nân*, du *Hôu-nân*, du *Koŭng-sî* et du *Ssé-tchoŭân*. L'Empire des *Khi-tan* était situé au nord de la Chine, entre les 40° et 50° degrés de latitude.

[2] Ces Khi-tan étaient une nation Toungouse qui s'éleva, sous le règne des Liâng (en 907) et eut 9 rois qui régnèrent pendant 210 ans. Mais l'an 1166, ils changèrent leur nom dynastique de Khi-tan en celui de Liâo, parce que leur chef-lieu était la ville de Liâo-yâng, dans le Liâo-toûng.

Le fondateur de la dynastie des Khi-tan se nommait *A-pao-khi*. Avec une rapidité étonnante, il étendit ses conquêtes, à l'orient, jusqu'à la mer; à l'occident, jusqu'à Kachghar; au nord, elles touchaient au lac Baïkal, et au sud, elles comprenaient le nord-est de la Chine, et une grande partie de la Corée.

Com. 126-127. Ceux qui continuèrent les « cinq dynasties » furent les Soúng. Les Soúng régnèrent par la vertu du feu; c'est pourquoi ils sont appelés « Yên-soúng [1] ». Taï-tsoù (le 1er souverain) était de la famille des Tchao. Son petit nom était Kouang-yin. Il « recueillit la succession des Tchêou », et établit sa capitale à Pin (dans le Hô-nân). Il transmit son pouvoir à son frère puîné Taï-tsoûng (976); le fils de Taï-tsoûng, Tchin-tsoûng lui succéda (998); à Tchin-tsoûng, son fils Jin-tsoûng (1023); à celui-ci, un petit-fils éloigné de Taï-tsoûng, qui fut nommé Ying-tsoûng (1064); puis vient le fils de ce dernier : Chîn-tsoûng (1069); le fils de Chîn : Tchi-tsoûng (1086); ensuite Hoéï-tsoûng (1101); le fils de Hoéï : Kin-tsoûng (1126). En tout : neuf empereurs (*kieóu tí*). Les Kin [2] attaquèrent la capitale des Soúng (Pin, anjourd'hui Kaï-foung-fou, dans le Hô-nân). Kin-tsoûng et son père se rendirent tous deux aux Kîn.

2. *Les Soúng méridionaux. Nân Soúng* (1127-1279).

Les Soúng méridionaux eurent pour fondateur Kao-tsoûng, fils de Hoéï-tsoûng (des Soúng septentrionaux). Sa capitale fut Hâng-tchêou [3] (province de Tché-kiang). N'ayant pas d'enfant, il transmit son pouvoir

---

[1] Cette dénomination avait été appliquée aux anciens souverains de la Chine, comme à Chîn-noûng *Yên-ti* (3218 avant notre ère), etc. Elle rentre dans une conception toute particulière que les Chinois se sont faite, dès la plus haute antiquité, de la philosophie naturelle.

[2] L'année 1115, le chef des Kîn commence à prendre le titre de *tí*, « empereur ». Ces Kîn portaient aussi le nom de *Niu-tche*, ou *Jou-tche*. Le nom de *Kîn* signifie *or*, en mongol : *altoun*, d'où est venu le nom d'*Altoun-khân*, donné aux princes de cette dynastie par les historiens arabes. Marco Polo, en parlant de l'un de ces princes, l'appelle : *le roi d'Or*. Voir mon édition de son Livre publiée en 1865, en 2 volumes grand in-8°, page 355.

[3] Cette ville est appelée *Quin-saï*, en chinois *Kîng-ssé*, « métropole ou capitale ». Le célèbre voyageur, qui était au service du souverain mongol qui renversa les *Soúng méridionaux*, fait de cette ville une description vraiment merveilleuse. On peut à ce sujet consulter mon édition citée, pages 491-512. Il dit entre autres choses « qu'il y avait dans cette ville, lorsque les Mongols en « firent la conquête sur les Soung (l'année 1276), cent mille tours et douze « mille ponts ! »

(en 1163) à un petit-fils, à la 8ᵉ génération, de Taï-tsou, qui fut nommé Hiao-tsoûng. Viennent ensuite, le fils de Hiao-tsoûng : Kouâng-tsoûng (1190) ; puis son petit-fils Ning-tsoûng (1195). Celui-ci, étant sans enfants, transmit le pouvoir à un petit-fils, à la 11ᵉ génération, de Taï-tsou, qui fut Li-tsoûng (1225). A Li-tsoûng succéda Tou-tsoûng (1265). A celui-ci son fils Koûng-ti (ou Ti-hien, 1275) ; (puis vinrent) Touan-tsoûng (1276) et ensuite Ti-ping (1278). En tout neuf règnes, qui finissent (en 1279) par la conquête des Youên (ou Mongols). En tout, neuf générations ou règnes, et cette dynastie s'éteint dans celle des Youên (ou Mongols). Les deux dynasties des Soúng (celles du nord et du midi) ont eu ensemble dix-huit règnes et ont duré 320 ans.

Royaumes formés dans le nord de la Chine.
1. *Les Liâo* (926-1125).

Les royaumes situés dans les contrées septentrionales (de la Chine) qui se formèrent les premiers, du temps des Soúng, furent : 1° les Liâo, dont le premier chef fut Taï-tsou (926) de la famille Yé-liu (de la race des Khi-tan ou Liâo), de son petit nom : A-pao-ki. Il transmit son pouvoir à Taï-tsoûng (927). Ses successeurs furent : Taï-tsoûng (cité ci-dessus), Chi-tsoûng (947), Mou-tsoûng (969), King-tsoûng (970), Chïng-tsoûng (983), Hing-tsoûng (1032), Tao-tsoûng (1056), Thien-tso (1102-1125). Cet État est alors détruit par les Kîn.

2. *Sî Liâo. Liâo occidentaux ou Kara kithaï* (1127-1201).

Tĕh-tsoûng se place lui-même au pouvoir et donne à son État le nom de *Sî Liao* « Liâo occidentaux ». Son premier successeur porte le titre de Jin-tsoûng, et ceux qui le suivent, celui de Tchoù (seigneur, maître). En tout douze règnes, qui ont duré 170 ans et plus [1]. Cet État fut éteint par les Naï-man [2] (Tartares voisins de Liao).

[1] Le *Lí-taï-kì-ssé-niên-p'iao* ne conduit leur existence que jusqu'à l'année 1201.

[2] J'ai publié en 1867, dans le *Journal asiatique* de Paris, la traduction du Voyage de Khieôu Tchâng-chûn, dans l'Asie centrale, où il est dit : « Depuis « que l'armée des Kîn (des *Altoun-Khân*), eut mis en déroute les Liâo,

3. Les Kîn ou Altoun khans (1115-1234).

Après la chute des Liâo, leur territoire fut occupé par les Kîn. Leur chef, Hoùan-yen, de son nom de famille, fut appelé Ṭaï-tsou (le « premier fondateur » d'une dynastie), il avait pour petit nom Mîn. Il détruisit complétement les Liao et établit le siége de son gouvenement (1115) à Yên (où est aujourd'hui Pê-King). Ses successeurs furent : Taï-tsoùng (1123), Hi-tsoùng (1136), Feï-ti (nommé Tchu-liâng, dans les Annales chinoises, 1149), Chi-tsoùng (1161), Tchang-tsoùng (1190), Wêï-wâng (1209, Tchou-Young-thsi, dans les Annales chinoises), Siouen-tsoùng (1213), Ngaï-tsoùng (1224-1234). On néglige les petits chefs (qui suivirent). En tout : dix règnes, avec une duré de 120 ans. Cette dynastie fut éteinte par les Youên (ou Mongols).

4. Les Youên ou Mong-kou (Mongols) (1206-1368).

Taï-tsou (1206), des Youên, était de la famille Khî-ouh-wên. Son petit nom était Tie-mou-tchin (Témou djin). Il s'éleva lui-même parmi

« Tá-chǐh Lin-ya (un prince Liâo de ce nom) se plaça à la tête d'un nombre
« considérable de ces derniers, s'élevant à plusieurs milliers, et s'en alla dans
« le nord-ouest. Ils mirent dix ans et plus à accomplir leur émigration. Alors
« ils arrivèrent dans ce territoire (celui des Tá-chǐh arabes, dont il a été ques-
« tion auparavant). S'étant familiarisés avec les mœurs et coutumes des habi-
« tants de ce pays, avec le climat, ils trouvèrent que ce dernier ne ressemblait
« point à celui des régions sablonneuses du nord. Le territoire est uni; on y
« cultive beaucoup de mûriers. Les produits de la terre y ressemblent à ceux
« du royaume du milieu. Seulement les étés et les automnes sont sans pluies.
« Toutes les choses nécessaires à la vie y sont produites en abondance. A droite
« sont des montagnes; à gauche, des vallées et des rivières, et cela, dans une
« étendue de dix mille li. Les Naï-man ayant perdu leur royaume, se réfu-
« gièrent chez les Tá-chǐh (arabes). Szé-mà Heou-tchin (leur chef) s'empara
« de leur territoire. Il continua de le posséder jusqu'à ce que le Souan-tan (le
« Sultan de Kharizm), qui était à l'occident, vint l'en dépouiller. Les armées
« impériales (colles de Dchin-ghis-Khâan) étant arrivées, les Naï-man furent
« poursuivis et anéantis. Le Souan-tan lui-même fut défait ».

J'ai fait cette longue citation parce que je la considère comme faisant connaître un fait historique important pour l'histoire de l'Asie, que je n'ai vu signalé nulle part dans un ouvrage européen.

les Moung-Kou. Son successeur (et 3ᵉ fils) Táï-tsoùng (1229), détruisit les Kîn, et établit son gouvernement à Yen (aujourd'hui Pé-King). Vinrent ensuite le fils de Táï tsoùng : Ting tsoûng (1246) ; le petit-fils de Taï-tsou : Hien-tsoùng (1251) ; le frère de Hien-tsoûng : Chi-tsou[1] (1260) qui détruisit les Soúng[2] et réunit le Midi et le Nord en un seul empire. Ses successeurs (de Khoubilaï Khàan) furent son petit-fils, Tching-tsoûng (1297), les neveux du précédent : Wou-tsoûng (1308), et Jin-tsoûng (1312) ; le fils du dernier : Ying-tsoûng (1321) ; le neveu de Tching (tsoùng) : Thaï-tíng (1324) ; les fils de Wou (tsoùng) : Ming-tsoûng (1328), Wên-tsoûng (1328, Míng-tsoûng, qui ne règna pas un an, n'est pas compté dans les Annales chinoises) ; le fils de Ming : Ning-tsoûng (non compté), Chun-tí (1333-1368). En tout quatorze règnes, 165 ans de durée, et cette dynastie est détruite par les Mîng.

Observations. L'aperçu sommaire de l'histoire des Dynasties chinoise s'arrête ici. L'auteur du *Sân tsèu Kîng*, qui vivait sous les Soúng, ne pouvait pas le continuer plus loin. Il a embrassé néanmoins, dans son aperçu, une période de 4,835 années. Le *texte* n'est qu'une liste de noms, sans dates, il n'est qu'un *cadre mnémonique* que les étudiants doivent se fixer dans la mémoire. *Le Commentaire* que nous avons traduit pour la première fois intégralement, en l'accompagnant de notes explicatives, supplée en partie à l'obscurité du texte.

Les dix-sept corps d'histoires officielles.

128. 十 七 史。 全 在 玆。
　　　Chih thsĭh szè,　*thsioŭan tsäi tsèu.*
　　　Thập thất shử,　　toàn tại tư.

129. 載 治 亂。 知 興 衰。
　　　Tsäi tchî loúan,　*tchî hîng choäi.*
　　　Tải trị loạn,　　tri hưng shuy.

[1] C'est le conquérant de la Chine que Marco Polo a rendu célèbre en Europe. Son nom mongol était *Khoubilaï Khaghan* : le grand Khâan Khoubilaï.

[2] Les Soúng méridionaux ; les Soúng du nord l'avaient été par les Kîn, qui venaient d'être aussi conquis par les Mongols. La conquête complète des Soúng méridionaux par Chi-tsou (Khoubilaï Khâan) n'eut lieu qu'en 1279.

128. Dix-sept corps d'histoires (des dynasties éteintes), existent complets en ce temps.

129. Ils traitent des gouvernements, des troubles qu'ils ont produits, et font connaître leur élévation et leur chute.

Com. 128-129. Les « dix-sept corps d'histoires » sont le nombre qui, de notre temps, constitue les histoires officielles (*tâng chi tching szè tchi soú yè*[1]). Le 1er est le *Ssé Ki* (Mémoires historiques[2]). Il comprend l'histoire des « Trois Hoàng », (voir le vers 91), des cinq Tí (les « cinq premiers empereurs »), des Sân wâng (les « Trois Rois, » voir le vers 95), de l'État de Thsin, de celui de Thsou, jusqu'à l'histoire de Woû-tí des Hân (140 av. notre ère). L'auteur de cette histoire est Szè Mà Thsièn, qui vivait sous les Hán. Le 2e est nommé : le « Livre des premiers Hán[3] », dont l'auteur : Pân Koú, vivait sous les Hán. — Le 3e est nommé, le « Livre des Seconds Hán[4] », qui eut pour auteurs : Lieou, Fan weï, qui vivait sous les Soúng (du midi, dans le 5e siècle de notre ère) et des additions par l'empereur Tháï-tsoûng des Thâng. — Le 4e est nommé : le « Livre des Trois Royaumes[5] », rédigé par Tchin-chêou, qui vivait sous les Tçin. — Le 5e est nommé : le « Livre des Tçin[6] », rédigé par l'empereur Tháï-tsoûng de la dynastie des Thâng. — Le 6e est le « Livre des Soúng[7] », rédigé par Tchin-Yŏh,

---

[1] 正 史 *tching zsè*, « Histoires correctes », est la qualification donnée aux histoires des dynasties, rédigées par les historiographes officiels, qui ne les écrivent qu'après leur chute, sur les documents conservés dans les archives du gouvernement. Pour que les historiographes puissent conserver toute leur impartialité, ils ne peuvent écrire l'histoire d'une dynastie qu'après sa chute.

[2] 史 記 *Szè ki.* Il comprend 130 *kioúan* ou livres.

[3] 前 漢 書 *Thsiân Hán choù.* 120 *kioúan* ou livres (de 206 avant notre ère à 24 après).

[4] 後 漢 書 *Héou Hán choù.* 120 *kioúan* ou livres (25-220 de notre ère).

[5] 三 國 志 *Sân koŭe tchi.* 65 *kioúan* ou livres (220-280).

[6] 晉 書 *Tçin choù.* 130 *kioúan* ou livres (265-419).

[7] 宋 書 *Soúng choù.* 100 *kioúan* ou livres (420-478).

des Liâng. — Le 7ᵉ est le « Livre des Thsi méridionaux ¹ », rédigé par Siao-tsè-hien, des Liâng. — Le 8ᵉ est le « Livre des Liâng ² ». — Le 9ᵉ est le « Tchin-Choû ³ » le « Livre des Tchin », rédigé ainsi que le précédent par Yao we lien, qui vivait sous les Thâng. — Le 10ᵉ est le « Livre des Wĕï septentrionaux ⁴ », rédigé par Wêï-chéou, des Thsi septentrionaux. — Le 11ᵉ est le « Livre des Thsi septentrionaux ⁵ », rédigé par Li-pĕh-yoh, qui vivait sous les Thâng. — Le 12ᵉ est le « Livre des Tchêou septentrionaux ⁶ », rédigé par Ling-hou tĕh-fen, qui vivait sous les Thang. — Le 13ᵉ est le « Livre des Soúï ⁷ », rédigé par Wêï-tching, qui vivait sous les Thâng. — Le 14ᵉ est le « corps de l'Histoire des États méridionaux ⁸ »: des Soúng, des Thsi, des Liâng, et des Tchin. — Le 15ᵉ est le « corps de l'Histoire des États septentrionaux ⁹ » : des Wéï, des Thsi, des Tchêou, des Souï. Les unes et les autres (de ces histoires, 14 et 15) ont été rédigées par Li Yên-chéou, qui vivait sous les Thâng. — Le 16ᵉ est le « Livre des Thâng ¹⁰ », rédigé par Lièou hieou, et Nghéou-Yang-Sièou qui vivaient tous les deux sous la dynastie des Soúng. — Le 17ᵉ est le (double) corps des

¹ 齊書 *Thsi choû.* 59 *kioúan* ou livres (479-501).

² 梁書 *Liâng choû.* 56 *kioúan* ou livres (502-556).

³ 陳書 *Tchin choû.* 36 *kioúan* ou livres (556-580).

⁴ 北魏書 *Pĕh Wêï choû.* 114 *kioúan* ou livres (386-556).

⁵ 北齊 *Pĕh Thsi.* 50 *kioúan* ou livres (550-577).

⁶ 北周 *Pĕh Tchêou.* 50 *kioúan* ou livres (557-581).

⁷ 隋書 *Souï choû.* 85 *kioúan* ou livres (581-617).

⁸ 南史 *Nân szè.* 80 *kioúan* ou livres (420-589).

⁹ 北史 *Pĕh szè.* 100 *kioúan* ou livres (386-581).

¹⁰ 唐書 *Thâng choû.* 200 *kioúan* ou livres (618-906). — Il y a deux corps d'histoires des Thâng; le premier est celui indiqué dans le texte, en 200 *kioúan* ou livres; il est intitulé : *Kiéou Thâng choû;* l' « Ancien Livre des Thâng ». Le second est intitulé : *Sin Thâng choû,* le « Nouveau Livre des Thâng », en 250 *kioúan* ou livres, qui comprend le même nombre d'années que le premier (618-906), et qui a pour auteur Nghéou-Yang-sièou, écrivain très-érudit et très-estimé, qui a écrit plusieurs autres ouvrages importants.

« historiens des Cinq Dynasties [1] », rédigé par Nghêou Yâng-Siêou. Ce qui vient d'être dit n'est qu'un très-court sommaire des « Dix-sept corps d'histoires ». Le corps d'histoires (officielles) complet est contenu dans ces dix-sept qui viennent d'être énumérés. Pour la continuation de ces (dix-sept corps d'histoires) il y a l'histoire des Soúng septentrionaux et celle des méridionaux; l'Histoire des Liâo; l'Histoire des Kîn, lesquelles histoires ont été toutes rédigées par Thǒ-thǒ, qui vivait sous les Youên (ou Mongols), par Nghêou Yâng Siêou et d'autres. C'est ce qu'on appelle : les « Vingt et un corps d'histoires ». L'histoire de la dynastie des Mîng n'a pas été publiée jusqu'à ce jour [2].

Les Histoires [3] sont le grand code des États. Ce qu'elles contiennent a sa source dans la bonne ou mauvaise administration des cours et de leurs ministres. Il y a une raison, une cause efficiente de l'élévation

---

[1] 五 代 史 *Où täi szè*. 75 *kioúan* ou livres (907-959). — Une autre « Histoire des Cinq Dynasties », appelée l'ancienne *Kiéou*, a été aussi composée par Sie Kiu-tching, et comprend 150 *kioúan* ou livres.

[2] Elle l'a été, depuis la rédaction du Commentaire par ordre de l'empereur Khien-loûng, et publiée, la 11e année de son règne (en 1746), en 20 *kioúan* ou livres, dans la forme du *Thoûng kian kông moŭh*. Mais l'Histoire officielle des Mîng (*Mîng szè*) a été aussi publiée dans la même forme que les autres corps d'histoire des dynasties.

[3] Je crois utile d'ajouter ici les titres des autres corps d'histoires officielles de la Chine :

XVIII. 宋 史 *Soúng szè*. Histoire de la dynastie des Soúng. 496 *kioúan* ou livres (960-1279).

XIX. 遼 史 *Liâo szè*. Histoire des Liâo. 116 *kioúan* ou livres (916-1125).

XX. 金 史 *Kîn szè*. Histoire des Kîn ou Altoun-khans. 135 *kioúan* ou livres (1115-1234).

XXI. 元 史 *Youên szè*, ou Mongols. 210 *kioúan* ou livres (1206-1367).

XXII. 明 史 *Mîng szè*. Histoire de la dynastie des Mîng. 332 *kioúan* ou livres (1368-1643).

L'histoire de la dynastie qui règne actuellement en Chine, celle des Taï-thsîng, ne pourra être publiée que lorsqu'elle aura été remplacée par une autre. Elle avait commencé à régner sur une partie de la Chine en 1616; ce n'est qu'en 1644 que les Mîng furent complétement éteints.

et de la chute des dynasties, de la prospérité et de la décadence des États. S'ils parviennent à posséder, à suivre leur droite voie, alors l'État est bien gouverné; s'ils perdent leur voie droite, alors les troubles, les desordes surgissent de toutes parts. Quoique (l'histoire) ait des mille ans d'antiqùité, elle roule toujours dans le même cercle.

Lecture des Historiens.

130. 讀 史 者。 考 實 錄。

Toŭh   szè   tchè,   khào   chĭh   loŭh.

Dộc   shử   giả,   khảo   thật   lục.

131. 通 古 今。 若 親 目。

Thoŭng kòu   kîn,   jŏh   thsîn   moŭh.

Thông   cỏ   kim,   nhược thân   mục.

130. Que ceux qui lisent les historiens examinent attentivement la véracité de leurs récits ;

131. Qu'ils se pénètrent bien des faits anciens et modernes comme s'ils les avaient présents sous leurs propres yeux.

Com. 130-131. Cela veut dire que tous ceux qui lisent les historiens doivent appliquer soigneusement leur esprit à l'examen de la certitude des faits, que l'historien rapporte, concernant les princes et leurs ministres, dans le cours de ses narrations (*Ki*), et dans leurs biographies spéciales [1] (*tchoŭan*) pour s'assurer (en les comparant) de la véracité de

---

[1] Les « Histoires officielles » des dynasties sont toutes rédigées sur le même plan. Elles sont divisées en « Quatre grandes Sections », qui sont :

1° *Ti-ki.* Histoire des souverains.

2° *Niên piào.* Tables généalogiques.

3° *Pèn-tchi.* Traités ou expositions détaillées des connaissances relatives :

1° au calendrier (*liŭh lì*); 2° aux rites et à la musique (*lì yŏh*); 3° aux lois

leurs récits, en même temps qu'ils distingueront le vrai du faux de paroles en langage ordinaire (*Siào choŭe*, opposé au langage officiel) des fonctionnaires hypocrites. Alors le gouvernement régulier des sages, et celui plein de troubles des méchants, apparaîtront clairement à leurs yeux, avec leurs signes distinctifs. « Se bien pénétrer « des faits anciens et modernes comme si on les avait sous ses « propres yeux ». Si l'on voit ainsi les choses d'une manière bien distincte, alors les expressions subtiles, les sens obscurs, cachés, peuvent être éclaircis et compris ; les objets vus de loin paraissent courts, petits, vus de près, ils paraissent grands ; on peut arriver à leur donner leur véritable mesure.

132-178. Méthode à suivre pour la lecture des livres. Application qui doit être donnée à l'étude. Exemples tirés de l'histoire.

132. 口 而 誦 。 心 而 唯 。

Khèou   eûlh   sóng,   sîn   eûlh   wèï.
Khẩu   nhi   tụng,   tâm   nhi   dzuy.

133. 朝 于 斯 。 夕 于 斯 。

Tchâo   yû   szê,   sĭk   yŭ   szê.
Triêu   vu   tư,   tịch   vu   tư.

132. Que leurs lèvres récitent souvent des pages des historiens, et que leur esprit s'en pénètre.

133. Que le matin les trouve appliqués à leur étude, et que le soir les y retrouve encore.

civiles et pénales (*pìng făh*); 4° à l'économie politique (*chĭh hŏh*); 5° aux cérémonies religieuses et aux sacrifices (*kiâo ssé*); 6° à l'astronomie (*thiên wên*); 7° aux Cinq Éléments (*où hîng*); 8° à la géographie de la Chine et des pays étrangers (*ti lì tchî*); 9° aux rivières et aux canaux (*kiâo kiuĕh*); 10° à la littérature (*i wên tchî*).

La 4ᵉ *Section* est consacrée aux *Liĕh tchoŭan*, qui sont des Notices biographiques, historiques, géographiques, etc.

Com. 132-133. Dans ce texte l'auteur expose la méthode à suivre pour la lecture des livres. Quiconque s'applique à lire les Kĭng (ou « Livres canoniques »), les historiens, les philosophes, doit faire un choix dans tous ces ouvrages. Il faut aussi que l'esprit et les lèvres (*litt.* la bouche) concourent ensemble. Les lèvres « lisent, articulent » les mots, mais l'esprit n'y répond pas; alors (l'esprit) rencontre un obstacle, et il ne saisit pas bien (le sens des phrases). Si l'esprit, l'intelligence (*sin*) se pénètre bien (par la vue) de ce qu'il étudie, sans que les lèvres articulent le texte, alors la connaissance obtenue ainsi n'est pas transmise [1]. Que le « matin » quelqu'un s'applique à l'étude en question, et que le « soir » la même personne ne s'y applique pas, alors ce qu'elle aura étudié (le « matin ») n'aura qu'un temps et sortira (de son esprit); ce qu'elle aura appris n'aura également qu'une durée éphémère, et sera complétement oublié. C'est la loi de toute étude à laquelle on n'a pas appliqué un temps suffisant.

134. 昔 仲 尼 。 師 項 橐 。

    Sĭh Tchoŭng-nî,   *szê Hiáng - thŏh.*

    Tích Trọng - ni,   shư Hang-thác.

135. 古 聖 賢 。 尙 勤 學 。

    Kòu chíng hiên,   *cháng khîn hiŏh.*

    Cô thánh hiên,   thương cần học.

134. Autrefois Tchoŭng-nî (Confucius) eut pour maître Hiáng-thŏh.

135. Les sages et les hommes les plus éminents de l'antiquité s'appliquèrent avec la plus grande diligence à l'étude.

---

[1] Cette doctrine peut nous paraître étrange. Mais, pour la justifier, il faut savoir que l'écriture chinoise, surtout celle des anciens livres, et même celle de tous les ouvrages sérieux qui ne sont pas écrits dans le style de la conversation, se comprend beaucoup mieux à l'inspection de la *figure* des caractères, qu'elle ne le serait à la simple lecture, laquelle serait presque toujours complétement inintelligible.

Com. 134-135. Ici, et dans la suite, l'auteur fait des citations empruntées à l'antiquité pour exciter les hommes, par des exemples, à
lire les livres. « Tchoúng-nî » est le titre d'âge viril de Khoûng-tseù
(Confucius). La mère de Khoûng-tsèu était allée prier à la montagne
de Nî-Khiêou, et elle donna naissance à Khoûng-tsèu. C'est pourquoi,
il fut nommé Khiêou, de son petit nom, et Tchoúng-ní de son nom
viril.

Hiáng-thŏh était un sage de l'État de Lou. C'était un enfant accompli de l'antiquité. Il fut le précepteur du jeune Khoûng-tsèu, âgé de
sept ans seulement. On dit que les saints hommes naissent doués de
la science; mais cependant, ils se donnent la peine d'étudier avec application et ils aiment l'étude. Que les maîtres, les précepteurs imitent
celui qui fut l'instituteur d'un grand sage, d'un saint, pour s'encourager eux-mêmes. A plus forte raison doivent-ils en agir ainsi envers
les enfants de nos jours. Pourquoi n'y appliquent-ils pas leurs efforts !

136. 趙 中 令 。 讀 魯 論 。
Tcháo Tchoûng-ling,   *toŭh*   *Lòu*   *Lûn.*
Triệu Trung-lịnh,   độc   Lỗ   Luận.

137. 彼 既 仕 。 學 且 勤 。
Pi   *ki*   *ssé,*   *hiŏh*   *thsìe*   *khîn.*
Bi   ky   shĭ,   học   thả   cần.

136. Tcháo, secrétaire d'État, lisait le Lûn-yù de Lou.

137. Et ce fonctionnaire, quoique occupant un haut emploi,
se livrait à l'étude avec empressement.

Com. 136-137. Cela veut dire que, quoiqu'étant d'un rang hono-
rable (*koúeï*), on peut aimer et chérir l'étude. Du temps des Soûng,
Tcháo-pôu, était un ministre qui servit les empereurs Taï-tsoù et Taï-
tsoûng, en qualité de *Tchoûng-choû-ling,* « Secrétaire directeur de l'Intérieur »; c'est pourquoi il est appelé : *Tchoûng-ling.* Il lui arrivait

souvent de dire [1] : « J'ai donné la moitié de mon temps à la lecture
« du *Lûn-yù* (les « Entretiens de Confucius avec ses Disciples »), et
« l'autre moitié au service de Taï-tsoù (le fondateur de la dynastie des
« Soúng), et aussi la moitié de mon temps à l'empereur actuel (Taï-
« tsoûng) ». En tout temps, pour bien gouverner le peuple et le maintenir dans la tranquilité, le moyen le plus efficace est la lecture du
Lûn-yù. (La preuve en est dans) ce fonctionnaire qui tout en occupant le haut et noble emploi de Ministre d'État, se livrait en même
temps à l'étude avec beaucoup d'application, et aimait à lire (le Lûn-
yù). Que cet exemple soit imité. A plus forte raison, qu'il le soit par
les jeunes gens qui n'occupent pas encore des fonctions publiques. Qui
les empêche d'en faire autant ?

138.　披　蒲　編。　削　竹　簡。
　　P'i　p'ôu　p'iên,　siŏh tchoŭh kiên.
　　Phi　bồ　biên,　tược trước giản.

139.　彼　無　書。　且　知　勉。
　　Pi　woŭ　choŭ,　thsie tchi miên.
　　Bi　vô　thơ,　thả tri miễn.

138. L'un emploie des feuilles de plantes aquatiques étendues
pour écrire ses copies, un autre se sert d'écorces de bambou.

139. Ceux-là, sans avoir des copies à leur disposition, savaient
s'en passer en travaillant encore avec plus d'ardeur.

Com. Cela veut dire que sans copies manuscrites on peut aimer
l'étude et en profiter. Du temps des Hán, et avant cette époque, il n'y

---

[1] Un lettré moderne rapporte le même fait, en disant : « Le célèbre *Tchao-*
« *pou*, le plus grand ministre d'État, et le plus intègre de la dynastie des
« *Soúng*, n'avait jamais lu que le *Lûn-yù*, et il le lisait tous les jours. Il avoua
« à l'empereur *Taï-tsoûng*, qui ne pouvait le croire, qu'il y avait appris tout
« ce qu'il savait de politique. — Nos jeunes bacheliers l'ont appris par cœur,
« et n'y ont pas trouvé l'art de se gouverner eux-mêmes ».

avait pas de famille héréditaire renommée dans les lettres qui n'eût des ouvrages, ou copies d'ouvrages manuscrits. Si l'on ne possédait pas de ces copies manuscrites transmises par l'écriture, alors on était privé de toute espèce de livres. De plus, on était aussi sans papier à écrire. Si l'on n'avait pas eu des morceaux d'étoffes de soie, lisse comme des taffetas, des planchettes en bois, des peaux préparées, on n'aurait pas pu alors posséder des copies des œuvres écrites. Ceux qui étaient pauvres, dénués de ressources, ne pouvaient pas s'en procurer.

Du temps des Han, il y eut Lou Hôan-chu, qui gardait des moutons dans de fertiles pâturages. Il prenait des plantes aquatiques, des roseaux, avec lesquels il confectionnait des nattes. Il emprunta une copie du *Cháng-choù* (le Choù-Kîng) et il le lut en l'étudiant. Koung Yang-houng, à l'âge de cinquante ans, était un homme qui gardait les cochons dans la fôret de *Hân-tchoùh* (« la forêt des bambous »). C'est là qu'avec un couteau il enlevait le vert des bambous (leur écorce). Il se procura, par emprunt, une copie du Tchûn-thsieôu et il le lut en l'étudiant. A dater de là, deux fils qu'il avait acquirent une grande renommée à cette époque. Ils obtinrent un rang distingué et furent ministres ou intendants de hauts dignitaires (*Khîng siáng*). Ces deux fils, lorsqu'ils étaient pauvres, misérables (*pîn tsian*), aimaient beaucoup l'étude. Dépourvus de livres (en copies), et pouvant difficilement s'en procurer, ils devinrent cependant illustres comme on vient de le dire. A plus forte raison, pourquoi ceux de nos jours qui peuvent facilement se procurer des livres, qui peuvent aussi facilement en disposer, et en prendre la quintessence, ne deviennent-ils pas des hommes distingués comme eux ? C'est qu'ils n'aiment pas l'étude. Pourquoi ne dirait-on pas qu'ils se trompent étrangement !

140. 頭 懸 梁 。 錐 刺 股 。
Theôu hioûen liâng,   tchoûï thsïh   kòu.
Dâu huyên lương,   chuy thit   cồ.

141. 彼 不 敎 。 自 勤 苦 。
Pi   pŏu   kiáo,   tséu   khĭn   khòu.
Bỉ   bắt   giáo,   tự   cần   khỏ.

140. (Pour vaincre le sommeil) l'un suspendait sa tête (par les cheveux); un autre se piquait les cuisses avec une aiguille.

141. Ceux-là, quoique dépourvus d'instruction, s'appliquaient d'eux-mêmes à en acquérir avec beaucoup de peine.

Com. 140-141. Ce texte signale ceux qui se sont appliqués à l'étude en surmontant de grands obstacles. Sous la dynastie des Tçin, il y a eu Sun King. Il étudiait les écritures dans la nuit la plus profonde. Toujours en agitation, l'esprit toujours en activité, le corps amaigri par la fatigue et le travail, il suspendait sa tête par les cheveux à une poutre placée au-dessus, pour s'empêcher de tomber dans le sommeil.

Sou-thsin, de la dynastie des Tchêou, diffère du précédent, mais il rentre dans la même catégorie. Il était tombé dans un tel état de maigreur, que tout son corps faisait pitié; car il l'avait épuisé en surexcitant son intelligence par la lecture des livres (en copies manuscrites). Toutes ses actions, tous ses mouvements, dénotaient une lassitude, une faiblesse extrêmes; c'était comme un soleil couchant. Prenant une pointe effilée, il s'en piquait les cuisses, pour se réveiller de son assoupissement. Voilà les moyens douloureux et pénibles que ces deux jeunes gens employèrent pour s'exciter ainsi eux-mêmes à l'étude. Assurément, ils manquèrent de l'éducation donnée par un père, ou un frère aîné, et ce sont là de sérieux exemples qui peuvent servir de règles de conduite. A plus forte raison, vous, jeunes enfants, qui êtes réunis en commun dans des classes; qui jouissez de la tranquillité, qui habitez des locaux d'une douce température; qui jouissez de tant de satisfactions; qui, en outre, avez des pères et des frères aînés sages, éclairés, propres à vous diriger, vous instruire et que vous pouvez prendre pour modèles; comment ne vous vient-il pas dans la pensée d'employer tous les moyens à votre disposition pour arriver promptement à une haute position?

142. 如 囊 螢 。 如 映 雪 。

Jôu nâng yîng,   jòu yàng sịoŭeh.

Nhự nang uinh,   nhự ương tuyĕt.

143. 家 雖 貧 。 學 不 輟 。
Kia soŭï phîn, hiŏh pŏu tchoŭeh.
Gia tuy bân, học bất chuyết.

142. (Il y en a eu) qui lisaient à la clarté des vers luisants enfermés dans un sachet, ou bien aux reflets brillants de la neige.

143. Quoiqu'ils fussent de familles pauvres, l'étude, par eux, n'était pas négligée.

Com. 142-143. Cela signifie que la pauvreté ne doit pas faire repousser l'étude. Tche-yin, de l'État de Tçin, aimait à étudier, quoique sa famille fût pauvre. La nuit, il lisait sans lampe (*litt.* huile), c'est-à-dire qu'il prenait des vers luisants qu'il plaçait dans un sachet et il se servait de la lumière qu'ils projetaient pour lire des livres. Sûn Kâng-sih, pendant la nuit, lisait des livres sans lampe; mais il sortait hors de sa demeure, et il lisait « aux reflets brillants de la neige ». Ces deux jeunes gens, à cause de leur pauvreté, ne repoussaient point l'étude. Et à la fin ils s'y perfectionnèrent tant qu'ils s'acquirent un grand nom. A plus forte raison, vous qui êtes réunis en commun dans des classes, qui avez l'avantage de posséder un père, un frère aîné, et de la fortune, pourquoi ne vous appliqueriez-vous pas au travail de l'étude ?

144. 如 負 薪 。 如 掛 角 。
Jôu fóu sîn, jôu koŭa kiŏh.
Như phụ tân, như quái giác.

145. 身 雖 勞 。 猶 苦 學 。
Chîn soŭï lâo, yeôu khòu hiŏh.
Thân tuy lao, dzu khỏ học.

144. (Il y en a eu) qui portaient des fagots de bois sur leurs épaules, ou qui suspendaient (leur livre) aux cornes d'un bœuf.

145. Quoique leur corps fût accablé de fatigue, ils ne se livraient pas moins durement à l'étude.

Com. 144-145. Ces vers expliquent comment le corps étant fatigué par de durs labeurs, on n'aime pas moins à s'appliquer à l'étude. Tchou maï-tchîn, qui vivait sous les Hán, était pauvre, et néanmoins, tout en allant ramasser du bois à brûler, il ne négligeait pas de lire des livres. Après avoir consacré le temps nécessaire à recueillir du bois sec, il plaçait son livre sous un arbre de la forêt et se mettait à le lire. Sa lecture finie, il plaçait son fardeau de bois sur ses épaules et s'en retournait à sa demeure. Il suspendait son livre à la tête de la perche et lisait en continuant sa route. Plus tard, il fut élevé à une magistrature, sous le règne de l'Empereur *Wou-ti* (140-85 av. J.-C.) et fut fait : « Chef de la chambre des Examinateurs » (*Hóeï khî chéou*).

Li-mi, qui vivait sous les Souï (581-617), aimait l'étude. Il montait sur un bœuf et lisait ainsi l'Histoire des Hán. S'il prenait un volume de surplus, il le suspendait aux deux cornes du bœuf. Le comte Yâng-youeï l'ayant vu, trouva cela extraordinaire. A la suite de cela il fut investi du titre héréditaire de comte de Pou-Chân. Voilà comment ces deux personnes, par leur application laborieuse à l'étude, au milieu de leurs labeurs, parvinrent à de hautes positions. N'est-ce pas un exemple à imiter ?

146. 蘇 老 泉。 二 十 七。
Sôu   lào thsioŭen,   eŭlh   chĭh   thsĭh.
Tô   lāo tuyên,   nhị   thập thắt.

147. 始 發 憤。 讀 書 籍。
Chì   făh   fàn,   toŭh   choŭ   thsĭh.
Thĭ   phát phận,   độc   thơ   tịch.

146. Sou Lao-thsioŭen, à l'âge de vingt-sept ans,

147. Commença d'être possédé d'un ardent désir de lire les livres.

Com. 146-147. Ce texte indique que l'on peut arriver à un âge avancé et aimer l'étude. Lao-thsioûen, avait pour petit nom Siun, et pour nom viril Mîng-yun. Il était natif de Soúng Meï-chân (de la montagne Mêï, des Soúng). Il fut le père de Sou Toûng-po[1]. Lào-thsioûen, étant enfant, n'avait pas fait d'études. C'est lorsqu'il fut arrivé à l'âge de vingt-sept ans qu'il commença à s'apercevoir de la faute qu'il avait commise. Il lui prit un désir impatient de se mette à l'œuvre, de s'appliquer à l'étude des livres, afin de pouvoir acquérir un grand renom. Il eut deux fils, qui, tous deux, furent de grands lettrés. De leur temps on les surnommait : les « Trois Sou[2]. »

148. 彼 旣 老。 猶 悔 遲。
Pǐ kí lào, yeôu hoëï tchǐ.
Bǐ kí lāo, dzụ hỗi trì.

149. 爾 小 生。 宜 早 思。
Eùlh siào sîng, î tchào szé.
Nhỉ tiểu sinh, nghi tảo tư.

148. Celui-là, étant devenu âgé, se repentit d'avoir tardé si longtemps.

149. Vous, jeunes gens, vous devez, dès l'aube du jour, y penser constamment.

Com. 148-149. Bien qu'à l'âge de vingt-sept ans on ne soit pas encore vieux, c'est cependant à l'âge de huit ans que les jeunes gens doivent entrer à l'école primaire (*siào hiŏh*). A l'âge de quinze ans, ils

[1] Sou Thoung-po est un poëte célèbre qui florissait sous le règne de Chin-tsoung, de la dynastie des Soung (1068-1085 de notre ère).

[2] Le père et les deux fils sont cités tous les trois dans les Commentaires de l'édition impériale du Chî-kîng, publiée en 1727. Le second des fils avait pour petit nom *Ché* et pour surnom *Tseù-yèou*. Il a commenté le *Tào-tĕh King* de Lao-tseù.

doivent entrer à l'école supérieure (*tá hiŏh*). A compter de là, on devient vieux pour l'étude. Lào-thsioûen, dont il a été question, était devenu grand ; sa famille était pauvre, et il était retenu au logis par les soins de la famille. En outre, dans les commencements, il n'aimait pas l'étude ; mais un jour il regretta d'avoir trop tardé de s'y appliquer. Il lui prit un désir ardent de se faire un grand nom comme il l'obtint en effet. A plus forte raison, vous, jeunes étudiants réunis ensemble dans une classe, devez-vous ne pas attendre que l'âge de la vieillesse soit venu pour vous. Vous devez y penser dès l'aurore et méditer sur votre avancement. Vous devez vous efforcer d'achever votre œuvre, et ne pas attendre que la vieillesse arrive pour vous ; vous le regretteriez plus tard sans pouvoir y remédier. Vous pouvez, comme Lào-thsioûen, arriver à une haute position.

150. 若 梁 灝 。 八 十 二 。
　　Jŏu Liâng-háo,　　păh chĭh eŭlh.
　　Nhược Lương-hạo,　　bát thập nhị.

151. 對 大 廷 。 魁 多 士 。
　　Toúï tá thîng,　　khoûeï tô ssé.
　　Dối dại dình,　　khôi da shĭ.

150. Voyez, Liâng-Háo, à l'âge de quatre-vingt-deux ans,

151. Répondit (à toutes les questions qu'on lui fit) dans la grande salle, et obtint le premier rang parmi un grand nombre de docteurs.

Com. 150-151. Ce texte fait connaître que ceux qui aiment l'étude dans leur cœur, lorsqu'ils arrivent à l'âge mûr, s'y appliquent encore avec plus de force et d'ardeur.

La « grande salle » (*tá thîng*) est la « salle du fils du Ciel » (de l'empereur). Le premier rang parmi un grand nombre « de docteurs » (*khoûeï tô ssé*), veut dire : qu'il devint le premier des Hán-lîn (*tchoŭang youǎn yè*).

Liâng-háo, qui vivait sous les Soúng, fit des études pénibles. Il
était seul, sans compagnons d'étude. Il arriva ainsi à l'âge de quatre-
vingt-deux ans. Mais il fit tant d'efforts sur lui-même qu'il se mit en
état de répondre à toutes les questions qui lui furent faites dans la
« grande salle » (du palais impérial) et qu'il fut placé en tête de tous
les docteurs (ses concurrents).

152. 彼 旣 成。 衆 稱 異。

Pì   kí tchîng, tchoúng tchông i.
Bì   kí thành,   chúng xưng dzị.

153. 爾 小 生。 宜 立 志。

Eùlh   siào   sîng,   i   lĭh   tchí.
Nhï   tiểu   sinh,   nghi   lập   chí.

152. Celui-là (de l'exemple précédent) accomplit (cette tâche)
et fut, par la foule, qualifié de prodige.

153. Vous, jeunes étudiants, vous devez avoir cet exemple
toujours présent à la pensée.

Com. 152-153. Le pronom démonstratif pì, indique Liâng Háo.
L'auteur veut dire que Háo, étant arrivé à un âge très-avancée, montra des talents, une force de persévérance, de volonté, de vigueur extraordinaires. En outre il put parvenir, par ses travaux, à conquérir
un grand renom. Et, en vérité, il est le seul qui dans l'antiquité et
dans les temps modernes, ait fait une chose aussi extraordinaire. Vous
qui, dans les classes, lisez les livres, vous devez le prendre pour modèle. Sans avoir jamais eu avec lui de camarades ou compagnons
d'étude pour l'encourager, l'entourer de leur sympathie; sans l'aide
de personne, sans celle de camarades d'études, il se produisit lui-
même. Son unique pensée était tournée vers l'étude. Étant arrivé à la
vieillesse, il ne se rebuta pas. Háo doit être votre modèle; il doit être
sans cesse présent à votre esprit.

154.　瑩 八 歲。能 咏 詩。
Yoúng　pǎh　soúï,　　nêng　yoúng　chi.
Uinh　bát　tuế,　　năng　vịnh　thi.

155.　泌 七 歲。能 賦 碁。
Pí　thsǐh　soúï,　　nêng　fóu　khî.
Bí　thất　tuế,　　năng　phú　kì.

154. Yoûng, à l'âge de huit ans, pouvait déjà chanter des vers en mesure.

155. Pí, à l'âge de sept ans, pouvait déjà composer des vers sur le jeu des échecs[1].

---

[1] « Le jeu des échecs », dit M. Wells Williams (*The Middle Kingdom*, t. 2, p. 91), « diffère en Chine du même jeu en Europe. Dans ce jeu, chaque « joueur a seize pièces rangées sur les intersections des lignes. L'échiquier « contient soixante-douze carrés séparés par une ligne représentant « une rivière, sur les bords de laquelle la bataille est supposée engagée. « Il y a là cinq pions qui stationnent à l'avant-garde ; deux artilleurs forment « l'arrière-garde, et le roi, avec sa suite de deux aides-de-camp, de deux élé- « phants, de deux cavaliers et de deux conducteurs de chars, stationne en « ligne sur le front de bataille. Le roi et ses deux aides-de-camp ne peuvent « sortir hors des carrés dans lesquels ils stationnent ; mais les autres hommes « peuvent franchir la rivière. Les cavaliers et les cochers correspondent à nos « chevaliers et à nos donjons ; mais les aides-de-camp, les artilleurs et les élé- « phants ont différentes fonctions empruntées à quelques pièces du jeu d'é- « checs européen ».

Le jeu des échecs est ancien en Chine. On en attribue même l'invention à l'empereur Yâo. Mais un auteur chinois repousse le fait. « L'art de la guerre, « dit-il, dont le jeu des échecs est comme une image, est l'art de se nuire les « uns aux autres. Yâo était bien éloigné de donner à son fils de pareilles leçons. « Le jeu des échecs n'a sans doute commencé que depuis ces temps malheu- « reux où tout l'empire fut désolé par les guerres. C'est une invention très-peu « digne du grand Yâo ».

Com. 154-155. Ce texte explique que, dès leur jeune âge il y a des enfants qui ont l'intelligence très-développée. Thsou Yoûng, qui vivait sous la dynastie des Thsi septentrionaux (505-577), à l'âge de huit ans, pouvait chanter en mesure des pièces de vers entières. Ensuite il se montra un homme des plus distingués.

Li Pi, qui vivait sous les Thâng (618-905), en entrant dans sa septième année, avait bien l'intelligence d'un homme de dix-neuf ans. La réputation d'intelligence surnaturelle de cet enfant se répandit tellement que l'empereur (Hioûen-ti, 905 de notre ère) désirant l'interroger, dit : « En dehors de ce palais, n'y a-t-il pas une espèce de villageois que l'on vante beaucoup ? » Il lui fut répondu respectueusement qu'il y avait le jeune fils d'un oncle maternel : Li Pi, âgé de sept ans qui, par son talent, en remontrerait à ses ministres. L'empereur ordonna de l'introduire dans son palais, pour le voir. En même temps l'empereur dit à Tchâng-choŭe d'apporter un jeu d'échecs (yĭh khi). L'empereur interrogea (le jeune homme) en lui disant : « Petit garçon, peux-tu composer des vers ? » — L'enfant répondit respectueusement : « Je le puis ». — L'empereur lui ordonna d'en faire sur le « carré » (fâng), le « rond » (yoŭen), le « mouvement » (toŭng), le « repos » (tsíng). — Pí demanda la permission de faire une question : celle de savoir quelle était l'intention de l'empereur ? — Tchâng-choŭe dit : le « carré » c'est comme (si l'on disait) : « l'échiquier » (khî poŭan) ; les « ronds », c'est comme si l'on disait « les pions » (khî-tsèu) ; le « mouvement en avant », c'est comme si l'on disait : le « vivant » (khî sêng) ; le « repos », c'est comme si l'on disait : le « mort » (khî ssè). Pi répliqua respectueusement : (selon moi) le « carré », c'est comme si l'on disait : « la pratique de la justice[1] » ; le « rond », c'est comme si l'on disait : « l'union avec la sagesse[2] » ; le « mouvement », c'est comme si l'on disait : « un cheval au galop[3] » ; le « repos », c'est comme si l'on disait : « l'obtention de ses désirs[4] ». — L'empereur trouva ces réponses surprenantes et les admira beaucoup. Il fit donner à l'enfant

---

[1] Fâng : jŏh hîng i.
[2] Youên : jŏh liân tchi.
[3] Toŭng : jŏh mà tchîng.
[4] Tsíng : jŏh tĕh i.

des vêtements de soie couleur de pourpre. Ensuite Pi devint successivement ministre assistant, puis l'un des quatre grands ministres d'État (*ssé tchâo tsäï foŭ*); et enfin il fut fait ministre des divinités qui président aux fruits de la terre (*chĕh tsĭh tchĭn*).

156. 彼 穎 悟。 人 稱 奇。

Pĭ   yíng   woŭ,   jîn   tchîng   khĭ.
Bĭ   dzĭnh ngộ,   nhơn xưng   kì.

157. 爾 幼 學。 當 效 之。

Eŭlh   yeóu   hiŏh,   tâng   kiáo   tchĭ.
Nhĭ   ẫu   học,   dang   hiệu   chi.

156. Ces (jeunes gens) firent preuve d'une grande intelligence; on les qualifia de génies extraordinaires.

157. Vous, jeunes enfants qui étudiez, vous devez vous efforcer de les imiter.

Com. 156-157. Le texte veut dire que Tsoù (Yoûng) et Li (Pi) sont deux hommes qui, dès l'âge le plus tendre, firent preuve d'une grande intelligence, et que, par leurs talents, ils purent s'élever aux plus hautes dignités. De très-bonne heure ils devinrent les auxiliaires ou adjoints des plus hauts dignitaires. On les qualifiait ainsi de génies extraordinaires, incomparables. Vous, jeunes étudiants, qui serez bientôt des hommes, vous devez les prendre pour modèles, et les imiter, si vous le pouvez.

158. 蔡 文 姬。 能 辨 琴。

Thsäï   wén   kĭ,   nêng   pián   khîn.
Thái   văn   ki,   năng   biện   kìm.

159. 謝 道 韞。 能 咏 吟。

Sie   Táo   yŭn,   nêng   yoŭng   yîn.
Tạ   Dạo   uẩn,   năng   vịnh   ngâm.

158. Thsáï Wên-kî pouvait jouer de l'instrument à cordes nommé Khîn.

159. Síe Táo-yùn pouvait également psalmodier et chanter des vers.

Com. 158-159. Le texte explique que, dans l'antiquité, ce n'étaient pas les hommes seuls qui aimaient à étudier. Quoique ce fussent des femmes (*mù-tsèu*), il y en a eu aussi qui, par leur pénétration, leur intelligence, leurs talents, leur savoir, ont dépassé les hommes. Thsaï Pĕh-kiâï, qui était une femme, ayant pour petit nom Yèn, et pour surnom Wên-kî, avait un père qui, lorsqu'il se mettait à faire résonner le Khîn, faisait prendre les souris par les chats. Wên-kî sut, par les sons qu'elle faisait produire à son Khîn, arrêter l'exécution (des rats). Toung-tchoh, qui ne se réglait que selon sa fantaisie, qui aimait l'harmonie dans les sons, et qui en éprouva du chagrin, eut l'idée, à l'instant même, de faire résonner de nouveau son Khîn. Mais Wên-kî brisa le Khîn de son père et en fit du feu ; elle en éprouva tant de douleur qu'elle eût voulu mourir ; mais elle n'y put parvenir. Son père se jugea coupable et en mourut.

Wên-kî prit la résolution de se retirer dans une terre étrangère (en Tartarie). Sur les sons qu'elle faisait produire à son instrument à cordes, elle composa, pour la flûte tartare (*hoŭ kiâ*), dix-huit petits chants que l'on accompagnait en mesure en frappant sur une table. Elle rentra ensuite dans le royaume du milieu (en Chine). Elle s'y était retirée dans la solitude, avec des sentiments de haine, affligée, le cœur brisé. Le surintendant des procédures judiciaires : Meng-tĕh, ayant entendu parler d'elle, lui imposa une somme de mille pièces d'or pour racheter sa peine, et elle prit pour compagnon un lettré qui fut comme une pierre précieuse attachée à sa ceinture.

Síe Táo-yùn était la fille aînée du premier ministre Síe Gân, de l'État de Tçin. Dès l'âge le plus tendre elle pouvait chanter des pièces de vers. Il était tombé beaucoup de neige dans la cour de l'hôtel du ministre. Gân interrogea tous ses enfants, ainsi que ses neveux et nièces, et leur dit : « Une grande quantité de neige est tombée par flocons ; à quoi ressemble-t-elle ? » — Sa nièce Yèn lui répondit, en disant : « Le sel qui est renfermé dans le creux des montagnes lorsqu'on le disperse de côte et d'autre, peut lui être comparé. » — Táo-yùn dit à son tour : « Ce n'est pas encore comparable aux flocons de fleurs « des saules qui se dispersent quand le vent les agite. » — Gân admira beaucoup cette comparaison. Ensuite elle fut mariée au fils du général Wâng-yeou, qui la fit geler (yîng tchî). Cette mort est rapportée dans les relations biographiques spéciales.

160. 彼 女 子 。 且 聰 敏 。

  Pi niu tsèu, thsièï thsoûng mìn.
  Bĭ nữ tử, thả thông mẫn.

161. 爾 男 子 。 當 自 警 。

  Eùlh nân tsèu, tâng tséu kìng.
  Nhĭ nam tử, dương tự kỉnh.

160. Ces deux jeunes filles étaient très intelligentes et douées de beaucoup de pénétration.

161. Vous, jeunes garçons, vous devez vous-mêmes vous appliquer sérieusement à l'étude.

Com. 160-161. Ce texte dit que Wên-kî et Táo-yùn ne furent pas seulement des femmes que l'on ne peut surpasser, mais encore qu'elles pouvaient, par leur intelligence, leurs lumières et leur pénétration, être supérieures dans l'investigation de l'harmonie de la voix. C'est comme cela que leur intelligence subtile répondait aux questions qu'on leur adressait; c'est comme cela qu'elles saisissaient promptement (les rapports des choses entre elles). A plus forte raison vous, jeunes hommes, qui êtes avec des camarades dans des classes, pourquoi ne pouviez-vous pas développer votre intelligence, comme ces jeunes filles, et devenir aussi perspicaces qu'elles? Vous devez avec cela veiller sur vous-mêmes, et craindre de ne pas pouvoir les égaler.

162. 唐 劉 晏 。 方 七 歲。
Thâng Lieôu-yên, fâng thsĭh soŭï.
Dàng Lưu yên, phương thất tuế.

163. 舉 神 童 。 作 正 字。
Kìu chĭn thoŭng, tsŏh tchĭng tséu.
Cử thần đồng, tác chánh tự.

162. Lieôu-yên, sous la dynastie des Thâng, lorsqu'il n'était encore âgé que de sept ans,

163. Était célébré comme un enfant divin, et fut fait « correcteur des caractères ».

Com. 162-163. Ce texte cite encore les actions d'un enfant extraordinaire par son génie, son intelligence, sa perspicacité, son talent fin pour la critique. Sous la dynastie des Thâng, vivait Lièou Yèn. Dès l'âge le plus tendre il n'était satisfait que dans l'étude. Lorsqu'il fut arrivé à l'âge de sept ans, il fut assez heureux pour être rencontré par l'empereur Mìng-hoâng (713-755) dans son palais de la verdure et des fleurs (*hoà thsìng koŭng*). Yèn avait placé des livres sur le char qui le portait. L'empereur s'en émerveilla, et il l'appela l' « enfant divin » (*chĭn thoŭng*). Il lui donna la direction de la rectification des caractères dans l'Académie des Hán-lìn. Un jour qu'il avait été invité à se rendre à la cour, l'impératrice se prit à l'aimer. On lui commanda de s'asseoir sur les genoux de l'impératrice, qui elle-même lui arrangea sa coiffure. Il fut ensuite placé près de l'empereur, qui l'interrogea ainsi : « 鄉 *hiang*[1], est un caractère correct. Qu'est-ce qui fait la cor-

---

[1] Le caractère ci-dessus, comme un grand nombre d'autres, a plusieurs *prononciations* et *significations*. Prononcé *hiâng*, il signifie « un bourg com- « posé d'environ 12,500 familles » ; prononcé *khìng*, il désignait ancienne- ment « une des plus grandes fonctions de la cour chinoise, ainsi que le titu- « laire ».

rection d'un caractère? » — Yên, après s'être incliné profondément, répondit : « Tous les caractères (admis par l'usage) sont ordinaire-
« ment « corrects »; seulement il y a le caractère 朋 *phêng* [1] qui
« n'est pas « correct », car ce caractère, dans l'écriture antique, s'écri-
« vait 朋 par deux figures de la lune réunie (deux lunes), ce qui est
« une corruption (du signe primitif), et n'est pas « correct ». Par
« conséquent, pour le critiquer on doit se reporter à l'époque où l'on
« flattait les ministres qui l'employaient dans leur service. Les nom-
« breux courtisans qui sont aux portes du palais, ne demandent qu'à
« obtenir des faveurs, sans mérite et sans droit. *Le caractère phêng*
« 朋 signifiant : comparables, égaux (amis unis dans la même affec-
« tion comme deux lunes) est un sens insidieux, trompeur ».

L'empereur Mîng-hôang admira beaucoup ces paroles (du jeune enfant). Il fut successivement employé dans les fonctions publiques sous les empereurs Mîng-hoâng, Sou (756-762) et Taï-těh (ou Taï-tsoûng (763-779); et il arriva, dans ses emplois, jusqu'à être : « Prési-dent du ministère des finances » (*Hòu póu Chàng choù*), et « premier ministre d'État » (*Pîng tchâng Ssé*).

Yên fut non-seulement très-intelligent, très-éclairé, d'un goût très-fin dans ses critiques, mais encore de la droiture la plus noble et la plus élevée, lorsqu'il se trouvait obligé de réprimander ou de des-tituer quelques-uns de ses subordonnés. Cela seul suffit pour faire juger de la droiture et de la probité de son caractère.

164. 彼 雖 幼 。 身 已 仕 。

Pì soûï yeóu, chîn ì szé.
Bî tuy ắu, thân dzî shǐ.

165. 爾 幼 學 。 勉 而 致 。

Eùlh yeóu hiŏh, mièn eùlh tchi.
Nhĭ ắu học, miền nhi trí.

[1] Le Dictionnaire chinois, *Tchîng-tseú-t'oûng*, consacre à ce caractère près de deux pages et demie, in-4°, et donne toutes les nombreuses formes graphi-ques, plus ou moins fautives, par lesquelles il a été représenté.

164. Celui-là (Yên), quoiqu'il fût presque un enfant, parvint à remplir plusieurs magistratures.

165. Vous, qui êtes aussi de jeunes étudiants, soyez laborieux et vous parviendrez.

Com. 164-165. Cela veut dire que Yên, quoiqu'il ne fût qu'un enfant de sept ans, entra cependant de sa personne avec un emploi dans le corps des lettrés. Il siégea, comme fonctionnaire, dans le collége des Hán-lîn. Vous tous, jeunes étudiants, vous devez faire tous vos efforts pour l'imiter, si vous le pouvez.

166. 有 爲 者 。 亦 若 是 。

Yeòu wéï tchè,   yǐh jŏh chi.

Hửu   vi   giả,   dziĕc nhược thi.

167. 犬 守 夜 。 雞 司 晨 。

K'ioùan cheòu yé,   kî   szê   chîn.

Khuyển thủ dzạ,   kê   tư   thần.

166. Ceux qui travaillent, qui sont laborieux, peuvent aussi comme lui arriver aux emplois.

167. Le chien veille pendant la nuit; le coq, par son chant, préside au matin.

Com. 166-167. L'homme ne peut qu'employer tous ses efforts, toutes les ressources de son intelligence pour se produire; il ne peut les exercer que par le travail. Ce Liêou Yên était aussi un homme comme vous. Quelle difficulté trouveriez-vous à l'imiter? Yên-tsèu a dit : « Chûn était un homme (*Chûn jîn yè*). Moi aussi, je suis un homme « (*ngò yǐh jîn yè*) ». Ceux qui étudient, qui travaillent pour s'instruire sont dans le même cas que lui. Le grand Chûn, pour devenir un homme aussi éminent, dut travailler aussi. Et de plus, quelles difficultés trouveriez-vous à faire comme Liêou-yên ?

Depuis Tchôung-nî (Confucius) jusqu'à Liêou-Yên, tous les grands saints, les sages renommés de l'antiquité et des temps modernes, se sont livrés à l'étude. Craignez-vous que leurs vertus éminentes, leur éloignement soient des obstacles à leur imitation ? Pourquoi alors ne prendriez-vous pas exemple sur des êtres de classes bien inférieures ? Le chien et le coq sont tous deux des animaux domestiques. Ils sont assidus près de l'homme qui les nourrit ; comment ne pourriez-vous pas les imiter ? Ainsi le chien est un gardien de nuit qui se fait redouter, et les mauvais sujets n'osent pas l'attaquer pour commettre leurs méfaits. Le coq sait chanter et il semble présider au matin, en l'annonçant par son chant, il fait en sorte que l'homme sache que le jour est près d'apparaître dans le ciel, et il avertit l'homme que l'aurore apparaît et qu'il doit se lever pour travailler.

168. 荀 不 學 。 曷 爲 人 。

Keòu poŭh hiŏh,   *hŏh wëi jĭn.*
Cầu bắt học,   hạt vi nhơn.

168. S'il se trouve des individus qui ne veuillent pas étudier, comment pourrait-on les considérer comme des hommes?

Com. 168. La mystérieuse intelligence du coq et du chien peut avoir en elle-même une force naturelle qui les fait agir d'instinct en faveur de leurs maîtres. A plus forte raison, vous qui êtes des enfants de l'homme (*jĭn-tsèu*), qui jouissez de la fortune de votre père et de votre mère, seuls, vous ne penseriez pas à employer vos moyens dans la pratique de l'étude pour donner de l'illustration à vos parents ?

Ceux qui n'étudient pas, qui restent dans l'ignorance, sont inférieurs aux animaux domestiques. Qui voudrait les considérer comme des hommes ?

169. 蠶 吐 絲 。 蜂 釀 蜜 。

Thsân thŏu ssê,   *foŭng niáng mĭh.*
Tàm thổ tư,   phong nhương mật.

170. 人 不 學。 不 如 物。

Jîn poǔh hiǒh, poǔh jôu wěh.
Nhơn bắt học, bắt như vật.

169. Le ver à soie vomit de son sein le fil•de soie; l'abeille recueille le miel qu'elle produit.

170. L'homme qui n'a pas voulu étudier est resté inférieur aux animaux.

Com. 169-170. En outre, pourquoi ne contemplez-vous pas le spectacle de ces abeilles et de ces vers à soie? Ces « vers à soie », ces « abeilles » sont des êtres de l'intelligence la plus subtile. (Dans leur état naturel) ils ne demandeut rien à l'homme. Si ce sont les hommes qui les nourrissent, qui les entretiennent, alors, les vers à soie leur donnent de la soie en cocons, tirée de leur sein, propre, étant filée, à fabriquer de riches pièces d'étoffes de soie. Quant aux « abeilles », elles recueillent sur les fleurs le miel qu'elles produisent, lequel est propre à faire des boissons, des liqueurs fermentées, dont on fait un excellent usage. Ce sont des êtres petits (ces abeilles), mais elles font des travaux, des œuvres qui sont grandes. Vous tous, tant que vous êtes, fils de famille (*nân tsèu*), si vous êtes toujours comme n'étudiant pas, l'héritage que vous auront laissé vos parents sera une terre inculte et improductive; vous ne pourrez pas même être comparés aux insectes.

171. 幼 而 學。 壯 而 行。

Yeóu eǔlh hiǒh, tchoǔang eǔlh hîng.
ǎu nhi học, tráng nhi hành.

172. 上 致 君。 下 澤 民。

Cháng tchi kiûn, hĭa tsěh mĭn.
Thượng trí quân, hạ trạch dzân.

171. Jeunes gens, appliquez-vous à l'étude, et, dans l'âge mûr, mettez vos connaissances en pratique.

172. Vous étendrez votre influence jusqu'aux princes, et vous en ferez bénéficier le peuple.

Com. 171-172. L'homme qui se borne à jouir de la vie, ne fait pas son occupation de l'étude. «Jeunes gens, appliquez-vous à l'étude », telles sont les paroles des sages, des hommes les plus éminents. Entreprenez, dès que vous serez des hommes faits, de pratiquer les maximes de ces grands sages et d'imiter leurs actions. Si vous vous bornez à suivre les leçons que l'on donne dans les écoles, sans les mettre en pratique, à quoi vous aura servi de suivre ces leçons; quel profit en aurez-vous tiré ?

L'expression : « *tchoûang hîng* » (litt. *fortis, robustus, agere*) veut dire que : « lorsqu'un lettré, un sage, a acquis les connaissances nécessaires, il doit en faire l'application en pratiquant les doctrines qu'on lui a enseignées ». Le caractère 上 *chang*, et les deux qui le suivent, désignent les princes Yâo et Chûn ; 下 *hía* et les deux qui suivent, désignent aussi l'influence que Yâo et Chûn exercèrent, par leurs connaissances, sur leur époque. Ce que l'on appelle : « Un état d'épuisement » c'est de garder ses vertus, ses connaissances pour soi seul; ce qu'on appelle : la « pénétration », la « diffusion », c'est d'embrasser, dans sa vertu, le monde entier.

173. 揚 名 聲 。 顯 父 母 。
　　Yâng mîng chîng,　hièn fôu mòu.
　　Dzươ ng dzanh thinh,　hiển phụ mẫu.

174. 光 於 前 。 垂 于 後 。
　　Koûang yû thsiân,　tchoûï yû heôu.
　　Quang ư tiền,　thùy vu hậu.

173. Faites-vous une renommée qui s'étende au loin, afin d'illustrer vos père et mère.

174. Répandez de la gloire sur vos ancêtres, pour en enrichir votre postérité.

Com. 173-174. L'étude forme de grands lettrés ; leur renommée s'étend dans les quatre parties de l'Empire. Les fonctions publiques forment aussi des ministres renommés. Si les chances de la destinée sont favorables, c'est un honneur qui rejaillit sur les pères et mères (qui ont su donner une bonne éducation à leurs enfants). Il en est pour lesquels une sincérité parfaite, une piété filiale inépuisable, sont comme un parfum qui se répand durant cent générations. Il en est d'autres dont la droiture de caractère, l'honnêteté, l'amour du bien public, la modération, ont, à certaines époques, passé pour des vertus stupides, ridicules. Mais tous ont étendu leur renommée, et ont jeté de la gloire sur leurs parents (auxquels ils devaient leur éducation). Les hommes peuvent, par la pratique de la raison et de la vertu, par leur mérite personnel et leur conduite, illustrer leur époque. Alors leurs vertus accomplies sont, pour eux, un grand patrimoine qui répand un grand lustre sur leurs ancêtres. Accumuler sur soi les biens, les bonheurs, les félicités, c'est en enrichir les générations, les siècles à venir. Qui, sans la lecture des livres, pourrait arriver à ce grand résultat ?

175. 人 遺 子 。 金 滿 籯 。
Jin   i   tsèu,   kîn   màn   yîng.
Nhơn dzi tử, kim mãn dzinh.

176. 我 敎 子 。 惟 一 經 。
Ngò   kiáo tsèu,   wêï   yĭh   kîng.
Ngã giáo tử, dzuy nhứt kinh.

175. Des hommes laissent à leurs enfants des coffres pleins d'or ;

176. Moi, qui cherche à les instruire, je ne leur laisse seulement qu'un petit livre.

Com. 175-176. Ceci comprend tout le texte qui précède. L'auteur
veut dire que ce (petit livre) est une addition faite à l'enseignement
de la jeunesse. Tous les hommes lèguent à leurs enfants et à leurs
petits-enfants, un patrimoine qui est le plus souvent en or et en
argent. « Moi (dit l'auteur), j'agis différemment. Je ne leur laisse qu'un
« petit livre destiné à l'éducation de la jeunesse ». Faire en sorte que
les études soient pratiquées, suivies, est l'œuvre des hommes éminents, des sages, et voilà tout. Il est dit dans le (Lùn)-yù : « Des cof-
« fres pleins d'or et d'argent ne valent pas un livre destiné à l'éduca-
« tion de la jeunesse ». Que ces paroles sont admirables !

177. 勤 有 功。 戲 無 益。

Khǐn   yeòu koûng,   hi   woû   yǐh.
Cần   hữu công,   hí   vô   ích.

178. 戒 之 哉。 宜 勉 力。

Kiảï   tchî   tsâï,   i   mièn   lǐh.
Giảí   chi   tai,   nghi miễn lực.

177. La diligence procure les mérites; les jeux, les amuse-
ments, sont sans utilité.

178. Gardez-vous de vous y livrer ! Vous devez employer votre
temps et vos forces à d'autres usages.

Com. 177-178. Les paroles qui précèdent sont les dernières recom-
mandations générales de l'auteur du livre (adressées à ceux qui en
feront usage). Il veut dire que toute personne qui mettra beaucoup
de « diligence », dans son application à l'étude, y fera journellement
des progrès, dont elle aura la récompense, et les « mérites ». Si cette

personne est paresseuse, négligente, qu'elle aime les jeux et les diver-
tissements, alors, elle n'en retirera aucune utilité, mais en éprouvera
de grands dommages. Vous, jeunes gens, et vos compagnons, gardez-
vous de ces dissipations, gardez-vous en bien. Vous ne devez pas
négliger d'employer toutes vos forces, toute votre intelligence, tout
votre temps à l'étude, afin de devenir vous-mêmes des lettrés accomplis.

FIN

ERRATA

Page 21, ligne 20, *au lieu de* Vertus cardiales, *lisez :* Vertus cardinales.
 — 42,   — 22, *au lieu de* Rŏh-liang, *lisez :* Koŭh-liang.
 — 51,   — 4, *au lieu de* par le feu des Tshîn, *lisez :* par le feu des Thsîn.
 — 65,   — 3, *au lieu de* Koh-liang, *lisez :* Koŭh-liang.
 — 65,   — 27, *au lieu de* Koùng-liang, *lisez :* Koŭh-liang.
 — 74,   — 6, *après* Kao-yâng, de son nom de famille, *lisez :* régna 75 ans.
                Le petit-fils de Kin-thiên : Ti-koh Kao-sin de son nom de
                famille, *régna soixante-dix ans.*
 — 81,   — 15, *au lieu de* Tching (hâng), *lisez :* Tching-(wâng).
 — 83,   — 18, *au lieu de* par Ping-wàn, *lisez :* par Ping-wâng.
 — 95,   — 23, *au lieu de* à l'époque de Houaï-ti (des Tçin, 307-412), *lisez :*
                à l'époque de Hoaï-ti (des Tçin, 307-312).
 — 95,   — 25, *au lieu de* Le fils de Houaï, *lisez :* Le fils de Houâng.
 — 96,   — 6, *au lieu de* (des Tçin, 373-375), *lisez :* (des Tçin, 373-396).
 — 108,   — 17, *au lieu de* Thaï-thsoùng, *lisez :* Thaï-tsoûng.

TABLE DES MATIÈRES

FIN DE LA TABLE DES MATIÈRES

PARIS. — IMPRIMERIE ORIENTALE DE VICTOR GOUPY, RUE GABANCIÈRE, 5.